Fritz Wallner

Zum Wohl der Kirche
Zur Stärkung des Glaubens

Fritz Wallner

Zum Wohl der Kirche
Zur Stärkung des Glaubens

Ansprachen und Briefe
als Vorsitzender des Diözesanrats der Katholiken
im Bistum Regensburg
2003 - 2005

herausgegeben von
Laienverantwortung Regensburg e.V.,
einer Vereinigung von Gläubigen nach Canon 215 CIC
www.laienverantwortung-regensburg.de

ANIMUS-Verlag Schierling

Der Autor

Fritz Wallner, Jahrgang 1951, Dipl.-Verwaltungswirt FH, verheiratet, vier Kinder; Mitglied des Pfarrgemeinderates Schierling 1971-1974 und 1982-2006, davon Vorsitzender 1982-2006;
Mitglied und Vorsitzender des Dekanatsrates Schierling (ab 2001 Alteglofsheim-Schierling) 1990 bis zur Auflösung 2005; Mitglied des Diözesanrats der Katholiken im Bistum Regensburg 1971-1974 und 1986-2005, davon stellvertretender Vorsitzender 1998-2002, Vorsitzender 2003 bis zur Auflösung 2005; Mitglied im Zentralkomitee der deutschen Katholiken 2002-2006; Mitglied im Landeskomitee der Katholiken in Bayern 2003-2006;
Ministrant, Jugendgruppenleiter, Jungkolpingführer, Kolping-Senior, Bezirksjungkolpingführer Bezirk Regensburg; Leiter des Christlichen Bildungswerkes im Markt Schierling seit 1977

Gewidmet
allen Gläubigen in der Diözese Regensburg,
besonders jenen Engagierten,
die trotz Enttäuschungen und Verletzungen
ihre Zuversicht nicht verloren haben.

Originalausgabe

Umschlaggestaltung: Sandra Severin
Herstellung: Bauer Satz.Druck.Werbetechnik GmbH, Schierling
ISBN 978-3-00-022447-8

Vorwort des Herausgebers

In keiner deutschen Diözese ist es in jüngerer Zeit zwischen einem Bischof und den Laien zu einem solchen Konflikt gekommen wie in Regensburg. Vom Anfang seiner Amtszeit an im Oktober 2002 konnte man verspüren, dass Bischof Prof. Dr. Gerhard Ludwig Müller auf eine wirkliche Mitarbeit und Beteiligung der Laien nicht viel Wert zu legen schien. Wiederholt zitierte er „göttliches Recht" für seine Anordnungen, die meist ohne vorherige Ankündigung und ohne hinlängliche Begründung erfolgt sind. Konflikte reihten sich aneinander. Die Presse nahm sich dieser Vorgänge an. „Die gespaltene Diözese"[1] wurde getitelt und die „Regensburger Geisterfahrt"[2], „Hexenjagd auf Kritiker"[3], „Scherben wohin man blickt"[4] sowie „Der Stab und sein Hirte"[5] wurde kommentiert. Vom „eisernen Bischof"[6] wurde gesprochen. In einer Kolumne wurde er aufgefordert, das Rad der Geschichte nicht um 1000 Jahre zurückzudrehen[7].

Die Vertretung der Laien, der Diözesanrat der Katholiken im Bistum Regensburg, stand im Mittelpunkt der Geschehnisse. Kaum ein halbes Jahr nach Beginn der Amtszeit des neuen Bischofs lähmte ein erster von ihm ausgelöster Konflikt die Arbeit des Diözesanrats. Im September 2003 trat der damalige Vorsitzende nicht zuletzt aus gesundheitlichen Gründen zurück. Seine Nachfolge trat Fritz Wallner an. Ihm gaben die Diözesanratsmitglieder bei der Wahl mit 46 von 77 Stimmen den Vorzug vor dem vom Bischof favorisierten Kandidaten.

Fritz Wallner und dem Diözesanrat lag von Beginn an eine gute Zusammenarbeit mit der Diözesanleitung am Herzen. Trotz mancher Hürden und Hindernisse hielt er am Kurs der Einheit und des Dialogs fest. Anders dagegen der Bischof: Die in rund 35 Jahren gewachsene Mitarbeit von Laien blieb ihm suspekt. Ein Höhepunkt der versuchten Marginalisie-

rung des Diözesanrats war die Änderung der Satzung für die Pfarrgemeinderäte. Der Bischof umging dabei die von seinem Vorgänger in Kraft gesetzten Bestimmungen über die Mitwirkung des Laiengremiums. Im November 2005 löste er dann nicht nur den Diözesanrat auf, sondern auch alle 33 Dekanatsräte und veränderte grundlegend die Struktur der Pfarrgemeinderäte. Die Würzburger Synode 1971-1975 hatte für die Pfarrgemeinderäte verbindlich für die deutschen Diözesen eine ausbalancierte Form festgelegt. Der Pfarrgemeinderat sollte sowohl eigenständig agierender Katholikenrat, als auch Pastoralrat zur Beratung des Pfarrers sein. Bischof Dr. Müller hat die Pfarrgemeinderäte zum ausschließlichen Pastoralrat mit dem Pfarrer als Vorsitzenden umfunktioniert.
Die Laien werden von Christus selbst, dem Herrn und Haupt der Kirche, in Taufe und Firmung mit dem Apostolat betraut. Sie nehmen Anteil am prophetischen Amt Jesu Christi, sie sind zu einer königlichen Priesterschaft und zu einem heiligen Volk geweiht und haben damit Anteil am Sendungsauftrag der Kirche. Engagierte Laien in der Diözese Regensburg, die trotz ihrer Enttäuschungen und Verletzungen ihren Mut und ihre Zuversicht für diese Aufgaben nicht verloren hatten, schlossen sich im März 2006 gemäß des Canons 215 des universellen Kirchenrechts Codex Iuris Canonici[8] zu einer Vereinigung von Gläubigen zusammen: „Laienverantwortung Regensburg e.V.“[9] Ziel war es, dafür die Voraussetzungen zu schaffen, dass die Verantwortung der Laien auch im Bistum Regensburg weiter im Bewusstsein bleibt und dass diese immer wieder angemahnt werden konnte.
Als Projekt der Laienverantwortung Regensburg e.V. dürfen wir mit diesem Band den ersten einer neu initiierten Reihe „Laienverantwortung in der römisch-katholischen Kirche - Schriften und Dokumente“ als Herausgeber vorlegen. Der letzte Vorsitzende des vom Bischof aufgelösten Diözesanrats

der Katholiken im Bistum Regensburg, Fritz Wallner, vermittelt mit der Veröffentlichung von Ansprachen und Briefen aus seiner Amtszeit einen ersten Einblick in sein beständiges Ringen um den besten Weg in schwieriger Zeit und um das Fertigwerden mit dem Konflikt, ohne der Kirche dabei zu schaden. Dabei wird durchgehend sein Anliegen deutlich, dass die Laien ihre reichhaltigen Erfahrungen „zum Wohl der Kirche, zur Stärkung des Glaubens"[10] einbringen können.

Deggendorf/Regensburg im August 2007
Laienverantwortung Regensburg e.V.,
eine Vereinigung von Gläubigen nach Canon 215 CIC
Prof. Dr. Johannes Grabmeier
Vorsitzender

Anmerkungen

[1] Rundschau Regensburg vom 13.7.2005.

[2] Matthias Drobinski in Süddeutsche Zeitung vom 16.7.2005.

[3] Claudia Möllers in Münchner Merkur vom 16.7.2005.

[4] Christine Schröpf in Mittelbayerische Zeitung vom 18.11.2005, abgedruckt als Anhang 5.

[5] Peter Klewitz in Der Neue Tag Weiden vom 11.11.2005.

[6] Bild-Zeitung zitiert nach Matthias Drobinski in Süddeutsche Zeitung vom 29.7.2003.

[7] Verleger Dr. Martin Balle im Straubinger Tagblatt/Landshuter Zeitung vom 19.11.2005.

[8] Can. 215 CIC - Den Gläubigen ist es unbenommen, Vereinigungen für Zwecke der Caritas oder der Frömmigkeit oder zur Förderung der christlichen Berufung in der Welt frei zu gründen und zu leiten und Versammlungen abzuhalten, um diese Zwecke gemeinsam zu verfolgen.

[9] www.laienverantwortung-regensburg.de

[10] Fritz Wallner: Einführung in die Klausurtagung des Diözesanrats am 11. März 2005, auf Seite 97 abgedruckt.

Inhalt

Einführung

Die Heilige Schrift ist „die beste Nachricht, welche die Menschheit kennt". So hat der evangelische Pfarrer von Schierling bei der Segnung einer Zeitungsredaktion formuliert. Das einmalige Profil dieser Nachricht, ihr permanent hoher Marktwert und ihre Aktualität zu jeder Zeit sollten für die Verkünder Ansporn genug sein, sie im besten Licht erscheinen zu lassen sowie positiv und voll Optimismus zu verkünden, zu bezeugen und zu vertreten. Das Zeugnis, insbesondere im konkreten Umgang mit den Menschen ragt dabei wie ein Turm heraus.

Leider gleiten Prediger und Verkündiger jüngst vermehrt in eine bloße Verteidigungshaltung ab. Ihre Predigten und ihr Handeln hängen sich daran auf, dass die ach so böse Welt diese gute Nachricht unablässig bekämpfen würde. Gerade beim Regensburger Bischof Dr. Gerhard Ludwig Müller habe ich oft beobachtet, dass am Anfang einer Predigt die Beschreibung einer düsteren Situation steht, die von der Presse transportiert werde und die es zu bekämpfen gelte. Ein imaginärer Feind wird in eine Ecke der Kirche projiziert und anhand der größtmöglichen Kritik an diesem „Feind" soll die Größe der Botschaft Jesu Christi deutlich werden.

Dabei wird niemand groß allein dadurch, dass er jemand anderen klein oder schlecht macht. Dieser Satz stammt vom katholischen Pfarrer Schierlings. Größe kann nur durch sein eigenes Zeugnis, durch das Leben nach den christlichen Werten und durch soziale Kompetenz, also durch einen angemessenen und rücksichtsvollen – eben den christlichen Werten entsprechenden – Umgang mit seiner Umgebung gewonnen werden. Und das Evangelium mit seiner befreienden Botschaft vom Heil der Menschen durch Jesus Christus hat es ohnehin nicht nötig, auf Kosten anderer groß zu werden. Es strahlt von sich aus wie sonst nichts auf dieser Welt!

Die Diözese Regensburg durchleidet seit dem Amtsantritt von Prof. Dr. Gerhard Ludwig Müller, dem einstigen Münchner Dogmatikprofessor aus der Diözese Mainz, eine schwierige Zeit. Dies gerade deshalb, weil seitdem die froh machende Botschaft Jesu Christi von Strukturdiskussionen mit dem damit verbundenen und besonders hervorgekehrten Anspruch auf einen schier unbedingten Gehorsam sowie von Verfahren gegen Priester und Gläubige überdeckt zu werden droht. Es wird permanent versucht andere Menschen klein zu machen. Das Gewissen des einzelnen Menschen scheint keine bzw. nur noch eine untergeordnete Rolle zu spielen. Dabei ist unbestritten, dass man einem klaren Gewissensanspruch immer folgen muss, zumindest nicht gegen ihn handeln darf. Dieser Gedanke ist von Papst Benedikt XVI. formuliert[1]. Er ist eingebettet in sehr tiefe Überlegungen über das Verhältnis von Wahrheit und Freiheit. Und er wird pointiert aufgegriffen bei der Erinnerung an den großen englischen Kardinal John Henry Newman (1801-1890), „dessen Leben und Werk man geradezu als einen einzigen großen Kommentar zur Frage des Gewissens bezeichnen könnte."[2] In einem Brief an den Herzog von Norfolk hatte Newman geschrieben: „Wenn ich – was höchst unwahrscheinlich ist – einen Toast auf die Religion ausbringen müsste, würde ich auf den Papst trinken. Aber zuerst auf das Gewissen und dann erst auf den Papst."

In den letzten Jahren haben namhafte Vertreter der Diözese Regensburg, allen voran Bischof Dr. Gerhard Ludwig Müller und seine Generalvikare Dr. Wilhelm Gegenfurtner und Michael Fuchs, kaum ein gutes Haar an mir und meiner Arbeit in der Kirche gelassen. Der Bischof sprach von einem Übergriff ins Bischofsamt[3], Dr. Gegenfurtner bezweifelte Begegnungen auf gleicher Augenhöhe[4] und Michael Fuchs blieb es schließlich vorbehalten, bei mir einen offenen Gegensatz zu den Grundsätzen der römisch-katholischen Kirche festzustellen[5]. Von ihm stammt auch die Behauptung, ich hätte gegen den Bischof verleumderisch in der Öffentlichkeit gewirkt[6]. Diesen Vorwurf hat er aber „vollständig zurückgenommen."[7] Eine eigenartige Rolle fiel Msgr. Reinhard Pappenberger, dem heutigen Weihbischof und damaligen bischöflichen Beauftragten für den Diözesanrat, zu. Dazu dieses Beispiel. Ich hatte am Schluss der Ansprache nach der Wahl zum Vorsitzenden des Diözesanrats zum gemeinsamen Gebet aufgerufen. Als ich für das Gebet auf dem Weg vom Rednerpult in die Mitte der Diözesanratsmitglieder war, kam aus seinem Mund das Wort „unmöglich". Pappenberger war es auch, der mir als einziger nicht zur Wahl gratulierte, sondern wortlos den Versammlungsraum verließ.

Alle Vorwürfe gegen mich gehen ins Leere. Damit sich interessierte Personen selbst ein Bild davon machen können, veröffentliche ich in diesem kleinen Band Ansprachen und Briefe. Ich bin mir meiner Schwachheit durchaus bewusst. Kein Theologiestudium steht in meiner Biographie. Meine Gedanken und Reden entspringen dem, was mich von Kindheit an Pfarrer, Lehrer und Eltern gelehrt haben. Sie sind verfeinert worden durch eigenes Studium und durch den Kontakt mit einer Reihe von außergewöhnlichen Menschen. Von diesen möchte ich besonders meinen Freund Pfarrer Hans Bock nennen, mit dem ich über zwei Jahrzehnte sehr vertrauensvoll zusammenarbeiten durfte und von dem ich viel gelernt habe. Außerdem Leo Mergel und Valentin Graf Ballestrem. Beide standen an der Spitze des Diözesanrats und haben bei mir in ihrer Verschiedenheit der Äußerung des Glaubens – aber gerade durch die Tiefe ihres Glaubens - einen nachhaltigen Eindruck hinterlassen. Weiter durfte ich in Zusammenhang mit dem Amt als Vorsitzender des Diözesanrats Persönlichkeiten kennenlernen, in denen ich ein Vorbild sehe. Schließlich bin ich meinem Gewissen gefolgt. Aber nicht einem, das nur subjektiven Vorstellungen nachzulaufen versuchte, sondern das sich – in aller Schwachheit und Bescheidenheit – am Evangelium orientieren wollte.

Nicht zuletzt deshalb haben manche Unterstellungen von Bischof Dr. Müller und seiner Helfer Schmerzen hinterlassen. Eine besondere Intensität haben diese Schmerzen mit der Predigt von Bischof Dr. Müller an Silvester 2006 bekommen. Er spricht da von einem „spießigen Neuheidentum". Und das Internetportal www.kreuz.net vermeldet sogar: *Der Regensburger Bischof Gerhard Ludwig Müller sprach in seiner Silvester-Predigt auch über Bischofskritiker Fritz Wallner; „Das katholische Regensburg leuchtet. Die Störmanöver von bekannter Seite waren wieder einmal nur ein Flop." Von einer tragfähigen Antwort auf Fragen nach Gerechtigkeit, Frieden, Leiden und Tod sei „dieses spießige Neuheidentum weiter entfernt denn je." Statt sich von notorischen Unruhestiftern in endlose Streitereien verwickeln zu lassen, sollten sich die Priester darauf konzentrieren, Christus zu verkünden*[8].

Ich bin fest davon überzeugt, dass es auch einem Oberhirten der katholischen Kirche nicht zusteht, so unqualifiziert über Glaubensschwestern und -brüder zu reden. Denn auch bei einem Bischof darf nicht der Zweck jedes Mittel heiligen. Auch für einen Bischof gilt Psalm 19,13: „Wer bemerkt seine eigenen Fehler? Sprich mich frei von der Schuld, die mir nicht bewusst ist!".

Schließlich darf auch ein Bischof nicht die Kirche als „Volk Gottes" aus dem Auge verlieren. Jeder von uns hat seinen (wichtigen) Platz und sei er noch so klein. Jeder von uns hat Anspruch auf Respekt. Auch das feste subjektive Überzeugtsein und das daraus folgende Fehlen von Zweifel und Skrupel rechtfertigen einen Bischof nicht. Ja, Bischof zu sein ist ein hohes Amt. An diesem Amt habe ich zu keiner Zeit einen Zweifel gehabt. Diesem Amt aber gerecht zu werden, das erfordert noch etwas mehr als die Weihe allein. Gerne zitiere ich noch einmal unseren jetzigen Papst. In den Erinnerungen „Aus meinem Leben" beschreibt er seinen Empfang als Erzbischof von München und Freising: „Dann das Gebet vor der Mariensäule im Herzen der bayerischen Hauptstadt, die Begegnung mit den vielen Menschen, die den Unbekannten mit einer Herzlichkeit und Freude aufnahmen, die gar nicht mir gelten konnte, sondern die mir wieder zeigte, was das Sakrament ist: Man begrüßte den Bischof, den Träger des Geheimnisses Christi, auch wenn das so den meisten vielleicht gar nicht bewusst war. Aber die Freude des Tages war eben wirklich etwas anderes als die Zustimmung zu einer bestimmten Person, die ja erst ihre Befähigung zeigen musste."[9] Dem damals jungen Bischof Dr. Joseph Ratzinger war bewusst, dass die Bischofsweihe allein noch nicht der Ausweis für die persönliche Befähigung zur Führung eines solchen Amtes ist. Ihm war offensichtlich klar, dass vor allem im persönlichen Umgang mit den Menschen die persönliche Eignung deutlich werden musste. Dem Bischof Dr. Gerhard Ludwig Müller scheint ein solcher Gedanke fremd zu sein.

In den Medien ist bisweilen vom „Bischofskritiker Fritz Wallner" die Rede. Das halte ich für zu vereinfachend, weil es nicht den Kern meines Anliegens trifft. Sofern ich in den Ansprachen und Briefen Kritik äußere, so ist das nicht eine Kritik an der Kirche Jesu Christi oder am Bischofsamt. Es ist die Kritik an der Art und Weise, wie Dr. Gerhard Ludwig Müller das Amt führt. Außerdem an willkürlichen Entscheidungen, die mit der unbegründeten (und deshalb schon wenige Monate später zurückgenommenen) Entlassung des damaligen

Deggendorfer Dekanatsratsvorsitzenden Prof. Dr. Johannes Grabmeier im März 2003 ihren Anfang genommen haben[10].

Diese - auch öffentlich - geäußerte Kritik ist als Recht der freien Meinungsäußerung durch das Kirchenrecht garantiert[11]. Sie ist notwendig, wenn das direkte Umfeld nicht imstande oder nicht mutig genug ist, im Innern korrigierend zu wirken. Denn die Wahrnehmungsfähigkeit von Menschen, die in einem System von Angst und unbedingtem Gehorsam leben, kann sich zum Negativen verändern. Die Fähigkeit, anderen Gehör zu schenken, Barmherzigkeit zu leben und menschliche Gefühle zu zeigen, gerät in einer solchen Situation in Gefahr. Dies bedeutet aber wiederum Gefahr für die gesamte Gemeinschaft. Und das darf unserer katholischen Kirche niemand zumuten. Denn es könnte sein, dass einer ganzen Generation durch solches Verhalten eines Oberhirten und einer Gruppe ihm bisweilen blind folgender Hirten die Kirche gleichgültig wird.

Die Kirche ist nicht ein Bischof allein, sondern sie ist „Volk Gottes". Papst Johannes Paul II. hat das sehr eindrucksvoll so formuliert: „Von den Elementen aber, die das wahre und besondere Bild der Kirche zum Ausdruck bringen, seien vor allem folgende erwähnt: die Lehre, durch die die Kirche als das Volk Gottes (vgl. LUMEN GENTIUM, Nr. 2) und die hierarchische Autorität als Dienst dargestellt wird (vgl. ebd., Nr. 3); außerdem die Lehre, die die Kirche als Gemeinschaft ausweist und daher die notwendigen Beziehungen festsetzt, die zwischen den Teilkirchen und der Universalkirche und zwischen Kollegialität und Primat bestehen müssen; ebenso die Lehre, nach dem alle Glieder des Gottesvolkes, jedes auf seine Weise, an dem dreifachen, dem priesterlichen, prophetischen und königlichen Amt Christi teilhaben. Mit dieser Lehre verbunden ist jene über die Pflichten und Rechte der Gläubigen und insbesondere der Laien; und schließlich der

Einsatz, den die Kirche für den Ökumenismus aufbringen muß."[12] Schon Papst Pius XII. hat 1946 festgestellt, die Laien gehörten nicht nur zur Kirche, sondern „sind die Kirche."[13]

In diesem Geist hat der Diözesanrat der Katholiken im Bistum Regensburg seine Aufgaben zu erfüllen versucht. Er wollte in die Kirche jene Erfahrungen seiner Mitglieder und vieler anderer Ehrenamtlicher einbringen, die diese in ihren Familien, im Beruf und in den Gemeinden gemacht hatten. Er wollte einbringen, was von den unterschiedlich ausgeprägten persönlichen Charismen für die Kirche wertvoll sein konnte. Die Ergebnisse seiner Arbeit sollten mithelfen, der Öffentlichkeit Orientierung zu geben für die Verwirklichung der christlichen Werte in der Gesellschaft. Der Diözesanrat konnte dabei als Unterbau auf ein Geflecht aus rund 730 Pfarrgemeinderäten und 33 Dekanatsräten zurückgreifen mit immerhin rund 15.000 Mitgliedern. Die allermeisten davon waren Laien, aber auch viele Priester haben sich sehr engagiert eingebracht. Immer zur Ehre Gottes und zum Heil der Menschen. Immer auch in der Unterstützung von Bischof und Priestern und mit dem Wunsch nach Dialog. In der von Bischof Manfred Müller erst im Jahre 2001 bestätigten Satzung ist von der „Förderung der apostolischen Tätigkeit" als Aufgabe des Diözesanrats die Rede. Das betrifft den Weltdienst und den Heilsdienst gleichermaßen. Das bedeutet eine gewisse Eigenständigkeit, diese war vom II. Vatikanischen Konzil ausdrücklich gewünscht. Guido Bausenhart beschreibt in seinem Kommentar zum Dekret über das Apostolat der Laien „Apostolicam actuositatem"[14], dass im Konzil wiederholt der traditionellen Versuchung zu widerstehen war, die Kirche mit Klerus gleichzusetzen und das Apostolat der Kirche mit der Hierarchie zu identifizieren. Hinreichend sensible Bischöfe hätten den Finger auf den wunden Punkt des „Klerikalismus" gelegt. Wiederholt und unermüdlich und konsequent habe die

Kommission bis zuletzt Einwände, Vorschläge und Bitten abgelehnt, die darauf zielten festzuschreiben, dass das Apostolat der Laien in all seinen Formen stets „sub ductu Hierarchiae" zu erfolgen habe. Damit sollte nicht gemeint sein, dass sich das Laienapostolat in einem „hierarchiefreien" Raum bewegen solle. „Die Intention war vielmehr die, dass die kirchliche Autorität das Engagement der Laien nicht länger als ‚verlängerten eigenen Arm' betrachte und behandle, auch nicht an ‚zu kurzer Leine' führe, sondern ihm innerhalb gewiss notwendiger Ordnung angemessenen Raum freier Entfaltung gewähre, dass kirchliche Autorität sich also wahrhaft als Autorität erweise.", schreibt Bausenhart.

Karl Rahner, einer der bedeutendsten Theologen unserer Zeit, hat das Zusammenwirken von Priestern und Laien so gesehen: „In der Kirche der Zukunft wird mehr an ‚demokratischer' Gesinnung, demokratischen Institutionalitäten und auch (institutionalisierten) demokratischen Spielregeln eingebaut sein, als dies bisher der Fall war. So etwas ist möglich, weil das dogmatisch bleibende Wesen der Kirche für eine solche ‚Demokratisierung' genügend Raum bietet, wie schon frühere, vor allem urkirchliche, aber auch spätere geschichtliche Tatsachen belegen. Die Mitwirkung der Laien am Leben der Kirche, auch an der Bestellung ihrer Amtsträger, an der Bildung des menschlichen Rechts in der Kirche war nicht immer so gering, wie wir es aus jüngster Zeit gewohnt sind und es kurzschlüssig als Ausdruck für die Tatsache hinnahmen, daß Amt und Sendung in der Kirche letztlich nicht von unten, sondern von Christus herkommen. Die Erwartung einer (im einzelnen jetzt nicht zu schildernden) Demokratisierung in der Kirche setzt keine naive und kurzschlüssige Glorifizierung des Demokratischen im allgemeinen voraus. Sie entspringt vielmehr einmal dem grundlegenden Glaubenssatz, daß Würde und Gleichberechtigung aller Getauften in der Kirche eine ursprüngliche Gegebenheit für die Kirche bedeuten als die gewiß notwendige Differenzierung ihrer Funktionen und deren Verteilung auf bestimmte Träger, von denen nicht jeder jedwede Vollmacht hat. Diese Erwartung ist zweitens getragen von der schlichten, in der Kirchengeschichte immer wieder ausgewiesenen Tatsache, daß die profangesellschaftlichen Verhältnisse und Strukturen auch ihren Reflex auf die Verfasstheit der kirchlichen Gesellschaft gehabt haben, haben und haben müssen. Ist aber ein patriarchalisches und feudalistisches Zeitalter der Gesellschaft zu Ende gegangen, dann muß sich dies notwendig auch auf die Kirche auswirken."[15]

Der damalige Erzbischof von München und Freising, Kardinal Joseph Ratzinger hat die Arbeit der Räte schon 1978 positiv gesehen, wenn er ausführt: "Die Räte auf Diözesanebene (...) sind in der Form, in der sie jetzt bestehen, ebenso wie die Räte auf Dekants- und Pfarrebene eine Frucht des Zweiten Vatikanischen Konzils und der es weiterführenden Gemeinsamen Synode der Bistümer Deutschlands. Insofern sind sie jung, aber die Sache, die sie vertreten und in der unserer Zeit gemässen Weise in der Kirche zu verwirklichen suchen, ist so alt wie die Kirche selbst."[16] Er führte weiter aus, dass im Gegensatz zur neuzeitlichen demokratischen Struktur im staatlichen Bereich mit Gewaltenteilung und Gewaltenkontrolle die kirchliche Verfassung auf das „Miteinander des Vertrauens" aufgebaut ist. Er setzte auf gegenseitiges Vertrauen und sah den Rat der Räte als guten Rat an. Der Kardinal fuhr fort: „Dies, meine ich, sei das Entscheidende, was kirchliche Verfassung und was kirchliches Handeln immer kennzeichnen muss: Dass die Gemeinsamkeit des Glaubens die gemeinsame Bindung des Gewissens schafft und dass aus ihr das Vertrauen entsteht, das uns gewiss werden lässt, dass Rat guter Rat ist und dass umgekehrt persönlich verantwortetes Handeln den Rat nicht als nichtiges Gerede beiseite lässt, sondern als von innen her verbindliche Aussage wägt und annimmt."[17]

Länger als 35 Jahre haben sich die Laien in der Diözese Regensburg mit den Bischöfen Dr. Rudolf Graber und Manfred Müller auf den Grundlagen des II. Vatikanischen Konzils und den Beschlüssen der deutschen Bischöfe bei der gemeinsamen Synode von Würzburg (1971-1975) in die Kirche von Regensburg eingebracht und als Christen in der Welt gewirkt. Ein von gegenseitigem Vertrauen und gegenseitigem Respekt gepflegter Dialog war eine Grundlage dafür, dass diese beiden Bischöfe den Rat der Laien jederzeit als guten Rat betrachteten. Bischof Dr. Gerhard Ludwig Müller dagegen hat jeden guten Rat als Kritik missverstanden, das Fundament des Dialogs verlassen sowie das in der Regel gut funktionierende und wirksame Geflecht von Pfarrgemeinde- und Dekanatsräten sowie Diözesanrat zerstört, ohne dass es dafür eine hinreichende Begründung, Anhörung oder qualifizierte Information gegeben hätte. Er untermauert so den Eindruck, dass er zurück will zu patriarchalischen und feudalistischen Strukturen. Bischof Dr. Müller verkennt Rahners Weitblick und unterschätzt die negativen Auswirkungen seines Handelns für die Zukunft der Kirche.

Frauen und Männer mit einem oft lebenslangen ehrenamtlichen Engagement in der katholischen Kirche hat Bischof Dr. Müller vor den Kopf gestoßen. Ihnen wurde signalisiert, dass ihre Arbeit nicht mehr nötig sei. Auf Priester und Hauptamtliche solle alles verlagert werden, so war zu hören. Dieses grundlose Wegschicken tausender Laien bedeutet eine in Jahrzehnten nicht mehr gut zu machende Verschwendung von Ressourcen. Die dadurch ausgelöste Enttäuschung, Trauer, Empörung und Wut kann auch nicht durch noch so schöne, wohlklingende und lange Predigten ausgeglichen werden. Hier zählt das konkrete Handeln – und das spricht für sich eine deutliche Sprache.

Manche Anzeichen deuten darauf hin, dass Bischof Dr. Müller zurück will zu einer Art „Kleriker-Kirche". Auch Kleinigkeiten werden dem Bischof zugeordnet. Eigene Initiativen von Laien werden marginalisiert. Selbst das neue Organ der Laienmitarbeit, das „Diözesankomitee", hat seinen Ursprung nicht mehr in eigener Konstituierung, wie das in Nr. 26 von „Apostolicam actuositatem", dem Dekret über das Apostolat der Laien, vorgesehen ist. Auch wenn das Gremium selbst die Satzung beschlossen hat, so verlautbarte die bischöfliche Pressestelle Regensburg zuletzt am 30.3.2007, dass das Diözesankomitee von Bischof Dr. Gerhard Ludwig Müller „geschaffen" worden sei[18]. Und das ist wohl die für die Diözesanleitung korrekte Sichtweise.

Die Handlungsweise von Bischof Dr. Müller ist bis jetzt in Deutschland ohne Beispiel geblieben. Das Ausscheren aus den Vereinbarungen der deutschen Bischöfe bei der Würzburger Synode wird in Deutschland sehr kritisch betrachtet, was nicht zuletzt die beachtliche Aufmerksamkeit der nationalen Presse belegt. Auch die römischen Behörden werden nicht mit jedem Handeln von Bischof Dr. Müller zufrieden sein. Nicht anders ist der Hinweis zu verstehen im Brief des Sekretärs der römischen Glaubenskongregation an Bischof Dr. Müller vom 27. Januar 2007. Dort wird, in eine Bitte gekleidet, gemahnt, die mit den Änderungen der Räte in der Diözese Regensburg gemachten „Erfahrungen auf Ebene der bischöflichen Gremien in einer Weise in die Diskussion einzubringen, die eine vertiefte Auseinandersetzung mit der Sakramentalität der Kirche und den daraus sich ergebenden pastoralen Konsequenzen fördert, gerade auch im Blick auf das traditionsreiche System des deutschen Laienkatholizismus."[19] Dieses traditionsreiche System reicht zurück bis in das Revolutionsjahr 1848, als deutsche Katholiken entschieden die neuen bürgerlichen Chancen nutzten und eine zeitgemäße

Bewegung begründeten[20]. Und es hat durch die gemeinsame Synode der Bistümer in der Bundesrepublik Deutschland in Würzburg (1971-1975) sein heutiges Gesicht bekommen. Auch der damalige Regensburger Bischof Dr. Rudolf Graber hat die Ergebnisse der Synode anerkannt, mit denen die nach 1945 entstandenen Strukturen der Laienaktivität neue Inhalte und Formen zum dialogischen Miteinander der Laien und zu ihrer konstruktiven Zusammenarbeit mit Priestern und Bischöfen erhalten haben[21]. Dieser Tradition ist sich auch die Deutsche Katholische Bischofskonferenz bewusst. Sehr eindrucksvoll deutlich gemacht hat dies Dr. Gebhard Fürst, Bischof von Rottenburg-Stuttgart, der geistliche Assistent des Zentralkomitees der deutschen Katholiken, mit der Feststellung: „Beratung, Mitwirkung, Zusammenarbeit, Konsultation und Entscheidung, all das ist kein Selbstzweck oder bloßes Pastoralmanagement. Ich begreife all dies als Mitwirkung einer missionarischen Kirche an der Verwirklichung des Reiches Gottes."[22]

Der Wille des Diözesanrats der Katholiken im Bistum Regensburg zur Beratung, Mitwirkung, Zusammenarbeit, die Bereitschaft zum Mitdenken und zum Zeugnis geben, wie auch die beste Absicht, die damit zu jeder Zeit verbunden war, sollen meine Ansprachen und Briefe zum Ausdruck bringen. Mit der Veröffentlichung soll auch ein Stück Dokumentation gelingen, um einerseits das Engagement sehr vieler Laien und andererseits die ihnen unbegründet zugefügten Schmerzen nicht in Vergessenheit geraten zu lassen. Es geht nicht nur um persönliche Enttäuschung, wenngleich eine solche nicht verhehlt werden kann. Es geht zuerst um die Sensibilisierung und authentische Information einer interessierten Öffentlichkeit und um das Zurechtrücken mancher Halb- und Unwahrheiten sowie Verdrehungen, die sich bei Verlautbarungen von Bistumsvertretern eingeschlichen haben.

Ich widme die Dokumentation in besonderer Weise allen Freunden und Bekannten, die über die Jahre hinweg hin- und hergerissen waren, angesichts der Ungerechtigkeiten und der Unbarmherzigkeit, mit der die Diözesanleitung von Regensburg ans Werk gegangen ist. Ich verbinde diese Widmung mit dem Dank für sehr viel Mut machenden Zuspruch und dem Fortbestand von Freundschaften über die konfliktreichen Ereignisse hinaus, mit der Hoffnung, dass sich das System ändern möge und mit der Bitte an alle Enttäuschten, Verängstigten und scheinbar Entmutigten, nicht der Kirche den Rücken zu kehren. Denn Christus und das Evangelium sind unser Ziel. Der Weg dorthin ist steinig und muss bisweilen mutig, auch im Gegenwind, gegangen werden. Adolph Kolping, dem ich seit über 40 Jahren verbunden bin, weist uns diesen Weg: „Der Mut wächst immer mit dem Herzen und das Herz mit jeder guten Tat."

Schierling, am Osterfest 2007
Fritz Wallner

Anmerkungen

[1] Joseph Ratzinger, Benedikt XVI., Werte in Zeiten des Umbruchs, Verlag Herder Freiburg 2005, S. 103

[2] a.a.O, S. 111

[3] Die Tagespost vom 30.07.2005, Interview von Guido Horst mit Bischof Dr. Gerhard Ludwig Müller

[4] Mittelbayerische Zeitung Regensburg vom 12.07.2005

[5] Brief von Generalvikar Fuchs vom 17.11.2006

[6] Brief von Pfarrer Josef Helm vom 6.11.2006 mit dem Zitat des Generalvikars

[7] Brief von Generalvikar Fuchs vom 10.11.2006

[8] www.kreuz.net, Kreuzmeldungen, 2. Jan. 2007, 07.55

[9] Joseph Kardinal Ratzinger, Aus meinen Leben, DVA München 1998, S. 178

[10] vgl. dazu Anhang 3, Brief vom Karfreitag 2003 an den damaligen Kardinal Joseph Ratzinger

[11] can. 212 § 3 CIC: „Entsprechend ihrem Wissen, ihrer Zuständigkeit und ihrer hervorragenden Stellung haben sie das Recht und bisweilen sogar die Pflicht, ihre Meinung in dem, was das Wohl der Kirche angeht, den geistlichen Hirten mitzuteilen und sie unter Wahrung der Unversehrtheit des Glaubens und der Sitten und der Ehrfurcht gegenüber den Hirten und unter Beachtung des allgemeinen Nutzens und der Würde der Personen den übrigen Gläubigen kundzutun."

[12] Johannes Paul II., Sacrae disciplinae leges, Apostolische Konstitution zur Promulgation des neuen kirchlichen Gesetzbuches (25. Januar 1983)

[13] Guido Bausenhart in Herders Theologischer Kommentar zum Zweiten Vatikanischen Konzil, Band 4, S. 101 mit Verweis auf Pius XII., Ansprache an das Heilige Kollegium anlässlich des Konsistoriums der neuen Kardinäle (20.2.1946), in AAS 38 (1946) 141-151. – Utz-Groner Nr. 4106

[14] a.a.O., S 101

[15] Karl Lehmann und Albert Raffel (Herausgeber), Karl Rahner-Lesebuch, 2. Auflage der Sonderausgabe, Verlag Herder Freiburg, 2007, S 340

[16] Ansprache, die Kardinal Joseph Ratzinger beim Neujahrsempfang des Erzbistums München und Freising zu Grundlagen und zur Bedeutung der durch Wahlen bestellten Katholikenräte am 13. Januar 1978 gehalten hat, veröffentlicht im Internet unter www.erzbistum-muenchen.de/archiv/iMA015/iMA01522920.PDF

[17] a.a.O.

[18] Bischöfliche Pressestelle vom 30.3.2007 unter www.bistum-regensburg.de

[19] Bischöfliche Pressestelle vom 5.2.2007 unter www.bistum-regensburg.de

[20] Hans Joachim Meyer, Spuren, die bleiben, Verlag Herder Freiburg, 2007, S. 266

[21] Hans Joachim Meyer, Spuren, die bleiben, Verlag Herder Freiburg, 2007, S. 289

[22] Bischof Dr. Gebhard Fürst, Der Rat der Laien, in SALZkörner, Materialen für die Diskussion in Kirche und Gesellschaft, herausgegeben vom ZdK, 13.Jg., Nr. I, 28. Februar 2007

Ansprache
bei der Vollversammlung des Diözesanrats der Katholiken im Bistum Regensburg am Montag, 24. November 2003 - unmittelbar nach der Wahl zum Vorsitzenden

Sehr geehrte Damen und Herren und liebe Freunde des Diözesanrates!

Ich stehe vor ihnen mit vielen Gedanken im Kopf, vielen Unsicherheiten im Herzen, mit einer gewissen Sorge, aber auch mit Freude! Sie haben mir heute eine Aufgabe übertragen, die ich nie angestrebt habe und von der ich hoffe, dass sie mir nicht eine Nummer zu groß ist.

Mit Gottes Hilfe und mit eurer Hilfe – und mit Unterstützung von vielen Menschen, die in der Kirche an verschiedenen Stellen Verantwortung tragen, versuche ich dieser Aufgabe gerecht zu werden.

Jetzt und heute ist die Zeit, dass wir uns wieder klar machen, wer wir sind, wo wir stehen, was uns bewegt und welche Aufgaben wir haben. Das möchte ich jetzt versuchen. Nicht im Sinne einer wissenschaftlichen Arbeit, sondern allein aus meiner Erfahrung heraus und allein aufgrund meines aktuellen Wissenstandes und meiner Gefühle.

Liebe Freunde, wir haben keine Zeit zu verlieren, um unseren Beitrag zu leisten zu einer vitalen Kirche. Vorweg unsere ganz große Aufgabe:

- Wir sind dazu berufen mitzuhelfen, dass die Identifizierung der Menschen mit ihrer Kirche nicht noch mehr schwindet in dieser säkularen Welt.
- Die Frage dazu lautet: Wo und wie können Priester, Gläubige, Pfarrgemeinderäte, Dekanatsräte und auch wir einen ent-

scheidenden Beitrag leisten, dass in den Köpfen und Herzen der Menschen die Wichtigkeit und Notwendigkeit von Liturgie, Verkündigung und Diakonie (Caritas) präsent ist?

Diese Frage wird uns auf Dauer beschäftigen, wir werden sie immer wieder eigenständig betrachten und Ansätze herausarbeiten. Gleichwohl streben wir Kommunikation, Kooperation und idealerweise Übereinstimmung mit der Diözesanleitung an. Gerne würden wir sehen, wenn besonders wichtige Themen auch gemeinsam überdacht, besprochen und auf den Weg gebracht würden. Denn Eigenständigkeit bedeutet für uns keine Abschottung oder Ausgrenzung. Nein, sie soll eigenständige Kreativität ermöglichen, die anderen zur Inspiration werden kann.

Freunde in Gottes Namen

Wir waren noch nie in Opposition zur Diözesanleitung oder zu unserem Herrn Bischof, wir sind es jetzt nicht und wir werden es nicht sein und schon gar keine Daueropposition. Und deshalb war ich nie und werde auch nicht ein „Oppositionsführer" sein, wie manche meinten, verbreiten zu müssen. Befürchtungen in dieser Richtung entbehren jeder Grundlage!

Wir sind und werden sein „Freunde in Gottes Namen"! Freunde vertrauen sich, vertrauen sich an, trauen sich über den Weg, trauen sich etwas zu, weil sie wissen, dass sie auch bei Gefahren nicht alleine gelassen werden – Freunde in Gottes Namen sind eine der stärksten Verbindungen, die sich die Menschheit vorstellen kann! Leider wird das nicht immer sichtbar, weil auch in der Kirche die Geiseln der Menschheit noch nicht ausgerottet sind, die da heißen Eifersucht, Geltungsbedürfnis, Machtbewusstsein, nicht vertrauen und verzeihen können, Egoismus, …

Wir akzeptieren und respektieren die Hierarchie des geweihten Amtes. Wir sehen die große Aufgabe des Bischofs, auch unseres Bischofs. Wir schätzen die Berufung unserer Priester, wir bewundern sehr oft ihren selbstlosen Einsatz, wir wünschen uns frohe und harmonische Gemeinschaft mit ihnen – sie sind die Hirten der Herde.

Wir wünschen uns auch Inspiration von anderen. Deshalb sahen und sehen wir es als einen Gewinn an, wenn uns geistliche Beiräte aus der Diözesanleitung an die Seite gegeben werden. Es ist aber andererseits genauso wichtig, dass der gegenseitige Gaststatus von Priester- und Diözesanrat beibehalten wird. Nicht um uns zu belauern, sondern allein um uns gegenseitig zu befruchten.

Wir stehen auch zum deutschen Laienkatholizismus, wie er seit dem Katholikentag von Mainz im Jahre 1848 gewachsen ist. Wir stehen an der Seite des Zentralkomitees der deutschen Katholiken, das in guter Kooperation mit der Deutschen Katholischen Bischofskonferenz arbeitet. Über dieses Organ haben wir die Möglichkeit auch politischen Einfluss geltend zu machen. Zu viel, verehrte Damen und Herren, läuft in unserer Gesellschaft gegen die Grundsätze christlichen Glaubens – zu wenig werden die christlichen Werte und die christliche Tradition in die tägliche Arbeit eingebracht – die Arbeit des ZdK ist unverzichtbar!

Unsere Aufgaben haben das II. Vatikanische Konzil und die Würzburger Synode klar formuliert. Sie stehen deshalb nicht zur Disposition, denn sie kommen aus den vom Heiligen Geist inspirierten und heute noch geltenden Beschlüssen des wichtigsten kirchlichen Ereignisses des letzten Jahrhunderts. Diese Aufgaben verdichten sich zu Pflichten.

Zur Erinnerung, verehrte Damen und Herren: Das Konzil empfiehlt einerseits im Dekret über die Hirtenaufgabe der Bischöfe[1] die Errichtung eines Pastoralrates unter der Autorität des Bischofs. Dieser bestünde aus Priestern und Laien und hätte eine große kollektive Verantwortung. Ein solches Gremium gibt es bei uns nicht. Das Konzil empfiehlt andererseits im Dekret über das Laienapostolat[2] auf verschiedenen Ebenen beratende Gremien einzurichten, welche „die apostolische Tätigkeit der Kirche im Bereich der Evangelisierung und Heiligung, im caritativen und sozialen Bereich und in anderen Bereichen bei entsprechender Zusammenarbeit von Klerikern und Ordensleuten mit den Laien unterstützen. Unbeschadet des je eigenen Charakters und der Autonomie der verschiedenen Vereinigungen und Werke der Laien werden diese Beratungskörper deren gegenseitiger Koordinierung dienen können."

Für Deutschland sind die Beschlüsse des II. Vatikanischen Konzils durch die Gemeinsame Synode der Bistümer der Bundesrepublik in Würzburg sowie durch die Pastoralsynode der Jurisdiktionsbezirke in der DDR in Dresden umgesetzt worden. Als jetzt in ganz Deutschland geltende Grundlage ist hier der Würzburger Beschluss „Verantwortung des ganzen Gottesvolkes für die Sendung der Kirche" vom Mai 1975 zu nennen.

Die Würzburger Synode hat mit ihrer konkreten Umsetzung des Konzilsbeschlusses die in Deutschland geschichtlich gewachsene Laienaktivität weiter entwickelt. Sie hat neben die Pastoralräte einen besonderen Typ von repräsentativen Laienräten gestellt, nämlich ein Gremium, das bei uns „Diözesanrat der Katholiken" heißt. Bei ihrem Beschluss ist die Synode im Wesentlichen von den im Konzilsdekret über das Laienapostolat genannten eigenständigen und unabhängigen Laienvereinigungen ausgegangen. Die im Würzburger Synodenbeschluss genannten Katholikenräte - also unser Diözesanrat - sind keine koordinierenden Gremien aus Priestern, Ordensleuten und Laien. Sie sind vielmehr „Zusammenschlüsse von gewählten Vertretern des Laienapostolats aus den Räten der nächst unteren Ebene, aus den Laienorganisationen und aus hinzugewählten Persönlichkeiten aus Kirche und Gesellschaft", so der offizielle Sprachgebrauch.

Wir sind keine „Funktionärskatholiken", wie da und dort von Leuten gesagt und geschrieben wird, die uns am liebsten abschaffen würden. Nein, meine Damen und Herren, wir sind Frauen und Männer,

- die fest auf dem Fundament des Glaubens stehen,
- die treu das Evangelium verkünden,
- die keinen Zweifel an der Autorität unseres Heiligen Vaters haben.

Wir alle lieben unsere Kirche! Und weil wir sie lieben, ist es geradezu unsere Pflicht und Aufgabe, *in* ihr zu denken und zu fühlen, *mit* ihr zu denken und zu fühlen. So sehe ich es auch als eine der wichtigsten Aufgaben unseres Diözesanrates, immer Augen, Ohren und das Herz offen zu halten für das, was die Menschen vom Glauben und der Kirche erwarten, was sie erhoffen und vielleicht auch Sehnsüchte aufzuspüren, die nicht auf den ersten Blick erkennbar sind.

Dabei, meine Damen und Herren, braucht niemand zu fürchten, dass unter uns Wölfe im Schafspelz sind. Sicher: Wir haben unterschiedliche Temperamente und Charismen. Aber das alles ist uns von Gott geschenkt. Und das müssen wir - gut und positiv - einsetzen. Der eine, der die Gnade der prophetischen Rede hat - der soll reden. Ein anderer kann ermahnen und belehren - dann soll er das tun, so lesen wir in der Heiligen Schrift, um nur zwei Beispiele zu nennen.

Noch ein Wort zum offenen Wort. Ich halte mich für einen Freund offener Worte. Mir ist es lieber miteinander als übereinander zu reden. Wer offene Worte pflegt, muss aber auch bereit sein, solche zu empfangen. Das ist mir durchaus bewusst. Wir dürfen es nicht einreißen lassen, dass offene Worte als Beleidigung gesehen werden. Denn wir alle meinen es gut mit dem was wir reden, schreiben und tun - und wir alle sehen zuerst das Gute in unserem Nächsten (Gen 1,31).

Ehrenamt

Mir ist bewusst, dass sie ausnahmslos nicht nur im Diözesanrat, sondern zusätzlich in vielen anderen Ehrenämtern engagiert sind. Manche von ihnen sind randvoll und haben kaum noch Freizeit. Von verschiedenen Seiten hören sie die Mahnung, auch auf sich selber zu schauen.

Doch - liebe Freunde – nur durch Menschen kann Christus wirken, nur durch Menschen kann lebendig werden, was uns vor zweitausend Jahren beispielhaft vorgelebt wurde. Das Zeugnis ist wichtig, nicht zuerst das geschriebene Wort – das Gemüt der Menschen müssen wir (wieder) erreichen, nicht zuerst ihren Verstand. *Unser* Einsatz, *unser* liebevoller Umgang miteinander, *unser* Verstehen und Verzeihen, *unsere* Güte und Milde sind zuerst gefragt.

Das Herausheben des Ehrenamts wird immer wichtiger. Vielleicht gibt es Interesse, gemeinsam mit unserem Bischof einen „Tag des (kirchlichen) Ehrenamts" zu planen und dazu einzuladen, um unser aller besondere Wertschätzung für das Ehrenamt auch öffentlich darzustellen.

Junge Menschen

In besonderer Weise haben wir auch die Aufgabe, jungen Menschen die Freude am Glauben und die Wichtigkeit des ehrenamtlichen Engagements in der Kirche zu vermitteln. Wir haben in der Diözese Regensburg enorm viele Ministranten und da auch gute Gruppenarbeit. Doch es ist schon schwer, diese Kinder für die ältere Jugendarbeit zu begeistern und noch schwerer ist es, sie anschließend zu ehrenamtlichem Engagement zu bewegen. Wir müssen erkennen, dass wir als Kirche mit Kindern, vielleicht bis zur vierten oder fünften Klasse, gut umgehen können. Dann aber wird es schwer dieses Feld zu „beackern". Ich kenne kein Patentrezept, aber eines ist mir ganz klar: In all unseren Lebenslagen, in all unserem Wirken müssen wir das Motto unseres Diözesanforums „Zieh den Kreis nicht zu klein" vor Augen haben. Deshalb meine Bitte: nehmen wir die jungen Leute mit hinein in unsere Arbeit, sofern sie Interesse zeigen; nehmen wir diese mit hinein, auch wenn eine Mitgliedschaft oder Mitarbeit im Pfarrgemeinderat oder Dekanatsrat nicht vorgesehen ist. Es ist für uns als Kirche wichtiger, alle Menschen guten Willens arbeiten zu lassen, als sie aus formalen Gründen abzuweisen.

Diese Bitte richte ich eindringlich auch an die Verbandsvertreter. Ich weiß, dass die Verbände oft die tragenden Säulen auch der ehrenamtlichen Arbeit in den Pfarrgemeinde- und Dekanatsräten sind. Gehen wir bitte auf diesem Weg weiter, arbeiten wir zusammen, ergänzen wir uns und tragen wir so gemeinsam bei am guten Weiterbau unserer Kirche auf der Grundlage des Evangeliums.

Ältere Generation

Die demografische Entwicklung zeigt uns überdeutlich, dass wir nicht nur ein altes Volk, sondern auch eine alte Kirche werden. Unser Herr Bischof hat am 2. Januar 2003 den Gedanken eingebracht, dass mit der „Vergreisung an Jahren" die Gefahr der „Vergreisung im Denken" bestehe. Dem gilt es vorzubeugen. Alte Leute könnten mit ihrer Lebenserfahrung ein Schatz für uns als Kirche sein: als Glaubenszeugen der besonderen Gestalt und als Helfer in vielen Situationen. Sind diese dazu bereit und sind wir dazu bereit? Machen wir da schon genügend möglich?, sind die Fragen.

Hauptamtliche

Gerne möchte ich mich auch an die Hauptamtlichen in

unserer Kirche wenden. Nicht nur, aber besonders auch angesichts der immer geringer werdenden Zahl von Priestern sind hauptamtliche Laienmitarbeiterinnen und -mitarbeiter immer wichtiger. Auch wir im Diözesanrat können auf ihren Sachverstand und auf ihr ehrenamtliches Engagement nicht verzichten. Wir dürfen aber nicht verkennen, dass es – und das hat die jüngste Vergangenheit gezeigt – auch zu Interessenkollisionen kommen kann. Wir alle sind zur Loyalität verpflichtet. Die Hauptamtlichen allerdings noch in einer besonderen Weise und vielleicht auch in Fragen, die durchaus unterschiedlich zwischen der Diözesanleitung und dem Diözesanrat gesehen werden. Ich verstehe sehr gut, dass es Situationen geben kann, in denen ihnen eine Entscheidung in diese oder jene Richtung schwer fällt. Und ich verstehe es sehr gut, wenn es Fragen gibt, zu denen sie möglicherweise nicht konkret Stellung beziehen wollen. Zusammenfassend, meine Damen und Herren: Ehren- und Hauptamtliche brauchen sich gegenseitig für ein fruchtbares Wirken. Wir können auf niemanden verzichten. Auf allen Ebenen muss deshalb alles versucht werden, dass es einerseits eine klare Abgrenzung von Aufgaben, andererseits aber eine ebenso gute Bereitschaft zur Zusammenarbeit gibt.

Bereitschaft zum Teilen

Was mir noch sehr wichtig ist, sind die Christen in der Welt, insbesondere diejenigen, die unserer Hilfe und Solidarität bedürfen. Wir haben das Glück auf einem Teil der Erde leben zu dürfen, der uns klimatisch die Möglichkeit gibt, viel zu arbeiten, viel zu erwirtschaften und viel zu verdienen. Lassen sie mich fast kindlich das so zusammenfassen: Der liebe Gott hat uns all diese optimalen Voraussetzungen geschenkt und er verbindet damit den Auftrag, dass wir teilen mit denen, die solche Möglichkeiten nicht haben. Spätestens beim

Martinsfest wird das den Kindergartenkindern, deren Eltern und Großeltern sehr bewusst gemacht. Aber da sehe ich durchaus noch Möglichkeiten, dass wir auch als Kirche selbst mit den Untergliederungen aus unseren Erträgen und Zinsen noch mehr teilen können.

Wurzeln im Volk

Bleiben wir aber bei unserem unmittelbaren Umfeld. Viele, ja fast alle, Pfarrgemeinden haben ausgezeichnete Kontakte und oft auch Kooperationen mit den Kommunen. Enge Verbindungen schaffen enge persönliche Beziehungen und deshalb geschieht es immer wieder, dass Bürgermeister und Gemeinden ihren Pfarrer behalten wollen oder sich auf die eine oder andere Art mit ihm identifizieren. Das ist nicht Einmischung der weltlichen Macht in die Kirche, sondern das ist ein Beweis dafür, dass unsere Kirche im Volk noch tiefe Wurzeln hat. Wir brauchen als Kirche Verbündete, weil wir nicht alles alleine machen können. Da reden und handeln Christen, Katholiken an ihrem Einsatzort. Und das ist doch nichts anderes als wir uns durchwegs wünschen und wozu wir berufen sind: Zeugnis zu geben für unseren Glauben. Da werden auch gleich die Fragen relativiert, ob es sich bei diesen oder jenen um kirchliche Gruppen handelt. Wem steht es zu, bei Menschen guten Willens da Zweifel anzubringen? Natürlich müssen wir Augen und Ohren offen halten, doch niemand muss generell befürchten, von „Wölfen im Schafspelz“ umringt zu sein.

Um aus diesen Wurzeln im Volk noch mehr Saft und Kraft holen zu können für unsere Kirche, bedarf es da und dort einiger Modifizierungen. Wir müssen ganz einfach mehr zu den Menschen gehen. Das heißt zum Beispiel, dass die Betriebsseelsorge vor Ort stärker ins Bewusstsein tritt.

Weiter: Die Bitte ums Mitmachen und Mitgehen könnten

wir durchaus viel öfter und bei viel mehr Menschen anbringen. Sicher haben sie die Erfahrung wie ich, dass es sehr viel Bereitschaft gibt, wenn wir diese nur erbitten. Wir können nicht mehr nur warten, bis die Menschen kommen.

Frauen, verehrte Damen und Herren, sind in unserer Kirche und für unseren Glauben ein besonders belebender Faktor. Ihre natürliche Ausstrahlung der weiblichen Wärme und der damit verbundenen Menschlichkeit ist unverzichtbar in einer immer mehr vom Wettbewerb geprägten Männerwelt. Viele soziale Dienste machen es uns vor, dass mit Wärme und Zuwendung, mit echtem und nicht nur vorgegebenem Interesse für den Mitmenschen, diese gewonnen werden können. Aber dieses Interesse muss aus dem Herzen kommen. Nicht umsonst wird Maria als Mutter der Kirche bezeichnet. Und heute: Nicht umsonst ist der katholische Frauenbund mit 65.000 Mitgliedern der mit weitem Abstand stärkste Verband in unserer Diözese.

Gott lässt Freiheit

Noch einmal: Natürlich stehe ich zum Bischofsamt, es gehört zum Ursprung und Wesen unserer Kirche. Der Bischof zeigt uns die Richtung des Weges für unser Leben. Dieser Weg ist oft so breit wie eine Autobahn und dann wieder so schmal wie ein Steig im Gebirge. Gott lässt uns die Freiheit, auf diesem Weg unseren Lebens-Weg zu gestalten. Einmal die Fahrbahn nutzend, um schnell voranzukommen, einmal ganz links oder rechts weghüpfend, um denen auszuweichen, die alles überholen wollen, einmal eine Bank zum Ausruhen nutzend, einmal Hilfe gebend und einmal Hilfe empfangend bei einem Unfall. Der Bischof hat uns immer wieder die Richtung anzuzeigen. Ob wir Gas geben oder auf die Bremse treten, das müssen wir schon selber bewältigen. Gott lässt uns da die Freiheit. Diese Freiheit erwarten wir auch von Menschen.

Gemeinsame Personalplanung

Unsere Pfarrer und die anderen Seelsorger in den Gemeinden sind uns wichtige und wertvolle Begleiter auf diesem Weg. Die Gläubigen werden immer mehr darauf schauen, welche Gemeinde noch einen Priester bekommt, welche Seelsorgeeinheiten wie ausgestattet sind und werden. Ich möchte an dieser Stelle die Bitte und das Angebot an die Diözesanleitung erneuern: Die Personalplanung - die abstrakte, nicht die nach Namen - ist so wichtig, dass wir daran beteiligt werden sollen. Das hat nicht den Grund, dass wir uns in diözesaninterne Angelegenheiten einmischen wollen. Nein, das hat den Grund, die Basis - auch die Vertrauens- und Verstehensbasis - für solche, immer schwieriger werdende Entscheidungen zu verbreitern. Wir sind bereit, bei dieser schwierigen Aufgabe mitzuwirken. Der Herr Generalvikar hat uns dazu im März ausdrücklich die Zusage gegeben. Nehmen sie jetzt dieses Angebot an - das ist meine Bitte an die Diözesanleitung. Wir arbeiten gerne auch an dem bereits dem Priesterrat vorgelegten und durch Alternativen schon ergänzten Konzept mit.

In diesem Statement ist es nicht möglich, sämtliche Themen ausführlich anzusprechen und zu beleuchten, die für uns besonders wichtig sind. Schlaglichtartig darf ich aber noch einige nennen:

Lebensschutz

Beim Einsatz für den Schutz des ungeborenen und geborenen Lebens lassen wir uns von niemandem übertreffen. Ja, wir verurteilen Abtreibung, wir treten für das Leben ein, das geborene und das ungeborene! Wir wenden uns gegen das Klonen, auch und insbesondere gegen das sogenannte therapeutische Klonen (die meisten von ihnen haben Prof. Fonk aus Passau noch in Erinnerung, der uns klar und deutlich bei einer der letzten Vollversammlungen in dieses Thema eingeführt hat). Ich kritisiere in diesem Zusammenhang ausdrücklich den Versuch der Bundesjustizministerin Zypries, die Debatte um den Beginn des menschlichen Lebens wieder neu zu eröffnen. In dieser Kritik weiß ich mich in Übereinstimmung mit der ganzen katholischen deutschen Welt, das wurde bei der Vollversammlung des Zentralkomitees der deutschen Katholiken am letzten Wochenende überdeutlich. Leben ist nicht disponibel, meine Damen und Herren!

Wertediskussion

Wir engagieren uns dafür, dass unsere christlichen Werte in der Welt präsent bleiben und bei konkreten Entscheidungen die entscheidende Rolle spielen. Es sind Werte, die uns von Gottes Wort vorgegeben sind, wie Glaube, Liebe zu Gott, Ehrfurcht vor Gott, Dankbarkeit, Opferbereitschaft, Freundlichkeit, Ehrlichkeit, Wahrhaftigkeit, Achtung der Person (Menschenwürde), Selbstdisziplin, Anerkennung von Autorität, Höflichkeit, Hilfsbereitschaft, Gehorsam, Verantwortung, Leistungsbereitschaft (Fleiß) u.a.m. (vgl. 5. Mose 10,12f; Eph 6,1-4 u. a.) – aber auch: Gleichberechtigung, Rücksichtnahme, Fairness, soziales Verhalten, Solidarität, Mitmenschlichkeit, Lebensqualität, Gemeinwohl, Kooperations- und Kommunikationsbereitschaft, Kompromissfähigkeit, Friedensbereitschaft, Vorurteilsfreiheit, Sachlichkeit, Wahrhaftigkeit, Zuverlässigkeit, Mut, Selbstdisziplin, Verantwortlichkeit, Offenheit für Sinnfragen.

Einsatz für die Familien

In der Familienpolitik kann es so nicht weitergehen. Nur schöne Reden verstärken nicht das „Ja" zum Kind. Auch wir tun uns schwer. Schauen sie nur, welchen Stellenwert bei uns der Familienbund der Katholiken hat.

Erhaltung des Sonntags

Wir sind dagegen, dass der Ladenschluss weiter gelockert wird. Der Sonntag ist in Gefahr. Erste Fühler werden ausgestreckt, die Adventsonntage generell verkaufsoffen zu haben. Das nützt nur den Großen und schwächt die kleinen Einzelhändler - und das geht zu Lasten der Familien, weil meistens Mütter in solchen Zeiten im Laden stehen müssen.

Aber glauben wir allen Ernstes, dass wir das aufhalten können? Ich nicht! Obwohl wir alles dafür tun werden. Deshalb geht es bei diesem Thema für uns zuerst um das Werben für den Sonntagsgottesdienst. Das geht nur, wenn die Gläubigen den Gottesdienst, die Eucharistiefeier als Gewinn für sich begreifen und erleben. Oft hängen da innere Einstellungen mit äußeren Umständen zusammen. Das ist eine wichtige Aufgabe für uns: Den Sonntag einerseits erhalten und andererseits auch gestalten. Deshalb sollten wir mehr darauf schauen, das Mögliche und Zulässige kreativ auszuschöpfen und nicht so sehr mögliche Missbräuche aufzudecken versuchen. Das hat nichts mit mangelnder Rom-Treue zu tun. Das hat etwas damit zu tun, dass die Rahmen größer werden, weiter, offener und schöner, innerhalb derer die Menschen bewusst in Berührung kommen mit Gott, dem Glauben und der Kirche.

Noch einmal: Das bedeutet keine Abkehr von Rom. Niemand braucht sich aufzuregen. Das hat allein mit der Erfahrung in den Pfarrgemeinden zu tun - Erfahrungen, die viele von uns tagtäglich und Sonntag für Sonntag machen.

Weitere für uns und mich sehr wichtige Themen sind:

- Die Kontakte zur Nachbardiözese Pilsen, die von Franz Spichtinger so ausgezeichnet mitorganisiert waren.

- Die Aufgabengebiete Mission-Entwicklung-Frieden-Bewahrung der Schöpfung, Schule-Bildung-Erziehung, Ländliche Entwicklung, Ehrenamt, Caritas/Gemeindediakonie (mit der besonderen Solidarität für die Schwachen) sowie Berufs- und Arbeitswelt – alles Bereiche, in denen sich viele unserer Mitglieder in Sachausschüssen außerordentlich engagieren.

- Ich vergesse auch nicht die Ökumene mit dem Ziel der Einheit im Glauben. Einem großen Ziel, das viele herbeisehnen, das aber viel guten Willen, gegenseitige Annahme und Rücksichtsnahme, das Zuhören und angehört werden notwendig macht. Auch da spreche ich mich nicht für (vor)schnelle Lösungen aus. Aber ich wende mich genauso dagegen, dass jedes Wort dreimal auf die Goldwaage gelegt wird, bevor wieder ein ganz kleiner Schritt gewagt wird.

- Ich möchte auch den Beitrag der Christen und Katholiken zur europäischen Einigung nicht vergessen. Das schon deshalb nicht, weil ich seit annähernd 20 Jahren mitverantwortlich bin für die Partnerschaft mit einer kroatischen Pfarrgemeinde. Und gerade in deren Rahmen habe ich erlebt, was Krieg bedeutet. Ich habe zusammen mit unserem Pfarrer 25 große Hilfstransporte geleitet, über zwei Jahre hinweg in unserer Partnerpfarrei rund 2.500 Flüchtlinge und Vertriebene ganz versorgt. Wir haben von der Bevölkerung 800.000 Mark Spenden bekommen und insgesamt - nur mit freiwilligen Helfern und kostenlos zur Verfügung gestellten Lastwägen - mehr als 800 Tonnen Hilfsgüter gebracht. Sie verstehen, dass ich an diesem Thema hänge, weil ich Menschen erlebt habe, die in Kellern gehaust und nicht einmal Messer und Gabel besessen haben. Und das alles nur knapp 700 Kilometer von uns entfernt.

- Und mich interessiert selbstverständlich, was in Europa christlich bleibt. Kardinal Vlk aus Prag nannte es eine „Schande, wenn sich Europa nicht zu seinen eigenen Wurzeln bekennt". Er bezog sich dabei auf die Debatte um den Gottesbezug in der Präambel zum Europäischen Verfassungsvertrag.

Der Kardinal verglich das mit der Familie. Würde sich Europa nicht auf seine christliche Grundlage besinnen wollen, dann wäre das so, als wenn Kinder ihre Eltern vergessen würden. Besser und deutlicher, liebe Freunde, kann man das nicht sagen.

Natürlich bleiben die „großen" innerkirchlichen Themen, die einen beachtlichen Teil der Gläubigen bewegen. Zu all diesen Themen hat das Diözesanforum zum Teil eindeutige Voten beschlossen. Das steht und ist klar. Damit ist aber auch klar, dass wir nicht jeden Monat neu darauf hinweisen müssen. Auf vielen Feldern ist Geduld, manchmal auch Beharrlichkeit erforderlich. Die Lehre der Kirche steht vielen dieser Anliegen entgegen. Aber die Lehre der Kirche ist so dynamisch wie die Kirche selbst - soweit nicht Dogmen betroffen sind. Das heißt für mich genauso ausdrücklich, dass die frohe Botschaft als das Fundament unseres Glaubens dieser Dynamik nicht unterliegt.

Autorität gewinnen

Die entscheidende Frage in unserer Kirche ist nicht, wer das Sagen im Sinne von Machtausübung hat. Es gibt keine Konkurrenz zwischen Priestern und Laien. Wir wollen den Priestern nichts wegnehmen von ihren Aufgaben.

Die derzeit und seit urdenklicher Zeit entscheidende Frage ist allein, wie kann allen Menschen guten Willens das Evangelium als frohe Botschaft nahe gebracht und so ein Leben in Vertrauen, Freude und Frieden angestrebt werden. Dass da die Priester alleine noch nie genügt haben und heute völlig überfordert wären, alles allein zu schaffen, das ist unbestritten. Und dass sich Laien auch in Gremien darüber Gedanken machen und so mitsorgen, das hat sich als äußerst hilfreich und mittlerweile selbstverständlich herausgestellt. Wir - keine und keiner von uns - ganz egal wo wir auch stehen, können es uns leisten autoritär zu handeln. Gerade die Vergangenheit unseres Volkes - getrennt und vereint - lässt die Leute abweisend reagieren, wenn sie autoritäres Handeln spüren und vermuten. Wir müssen nach natürlicher persönlicher Autorität streben. Diese erwächst nicht aus einem Amt, weder aus einem Haupt- noch aus einem Ehrenamt. Diese erwächst allein aus unserem Handeln, aus unserem Kümmern, Bemühen, Dienen und Reden: aus dem, wie wir uns wirklich für die Menschen interessieren und wie wir für die Menschen da sind. Gerechtigkeit und Barmherzigkeit sind die entscheidenden Begriffe. Sie sind nicht Gegensatz. Nein! Sie bedingen sich. Wer gerecht denkt und handelt, für den ist das Reden und Handeln in Barmherzigkeit kein Problem.

In diesem Sinne sind wir als Diözesanrat der Katholiken im Bistum Regensburg ein nach außen sichtbares Forum der katholischen Laien. Mit unserem Bestehen und Einsatz - insbesondere im Anschluss an das Konzil - wird überdeutlich, dass den nicht zum Priesteramt geweihten Frauen und Männern auch besondere Aufgaben zukommen bei der Suche nach dem Heil. Damit wird deutlich, dass Jesus auch nur *unsere* Hände, *unsere* Füße und *unseren* Mund hat, um seine Botschaft zu verbreiten und *seine* Erlösung zu verkünden. Die Erlösung der Menschheit von Ungerechtigkeit, Armut, Krankheit, Egoismus, Sünde und ewigem Tod.

Wir haben mit dem Evangelium die beste und freudigste Nachricht - die „Nachricht aller Nachrichten". Liebe Freunde, aber auch wir müssen aufpassen, dass diese Nachricht nicht zu sehr verbürokratisiert wird, dass die Freude der Nachricht nicht im Haufen von Papieren, Anweisungen, Instruktionen, Richtlinien, Anordnungen usw. verschüttet wird. Auch das könnte zu einer Verfälschung führen.

Verehrte Damen und Herren, liebe Freunde, der Wechsel im Vorsitz des Diözesanrates ist keine Revolution. Viel Bewährtes wird bleiben, das ist für mich klar. Wir stehen in guter Tradition der bisherigen Vorsitzenden Leo Mergel, Valentin Graf Ballestrem und Franz Spichtinger.

Künftige Arbeit

Die künftige Ausrichtung unserer Arbeit wird sich daraus definieren, wo und wie wir am wirkungsvollsten unserem Auftrag gerecht werden können, einerseits selbst Zeugnis zu geben und wichtige Entwicklungen beobachten und beeinflussen sowie andererseits Hilfestellungen und Ermunterungen zu geben für die Pfarrgemeinde- und Dekanatsräte.

Ich halte dafür die Entwicklung eines Perspektiven- und Leitbildes und die Herausarbeitung unserer Kernkompetenzen im Rahmen einer Wochenend-Klausurtagung für zielführend und möchte schon jetzt dafür bei ihnen werben. Wo und wie wird der Optimismus bei uns in eine gute Zukunft deutlich? Wo kann die befreiende und froh machende Botschaft noch besonders zur Geltung kommen? Steht bei uns das Gejammer um eine Glaubens- und Kirchenkrise zu sehr im Vordergrund? Das müssen wir intensiv besprechen.

Ohne dem Vorstand vorgreifen zu wollen, kündige ich jetzt schon an, dass unsere Homepage zu einer aktuellen Informationsbörse ausgebaut wird. Die in den Pfarreien und Dekanaten ehrenamtlich Tätigen sollen jederzeit aktuell erfahren, was bei uns besprochen wird. Außerdem werden Termine angekündigt und viel Wissenswertes wird es geben.

Es wird aber auch möglich sein, die vielen, oft beispielhaften Initiativen in den Pfarreien und Dekanaten zu präsentieren und damit anderen die Chance zu geben, das auch zu machen. Nicht jeder muss das Rad immer wieder neu erfinden. Ich wünsche mir auch, dass Aus- und Fortbildungsangebote, nicht nur des Diözesanrates, gebündelt öffentlich gemacht werden. Das alles folgt aus der Erkenntnis, dass insbesondere auch die Kommunikation der Menschen die Zukunft gestaltet. Sollte für diese Aufgabe jemand ehrenamtlich bereit sein, so würde uns das in der Geschäftsstelle wesentlich entlasten.

Ehrenamtliche können viel leisten, aber wir dürfen das ehrenamtliche Engagement nicht überfordern. Deshalb ist es unabdingbar, dass uns für die Arbeit des Diözesanrates sowie zur Begleitung und Unterstützung ausreichend hauptamtliches Personal und ausreichend finanzielle Mittel von der Diözese zur Verfügung stehen. Um beides möchte ich schon jetzt die Diözesanleitung bitten. Wir können und werden uns dem Zwang zum Sparen nicht verschließen. Auf welche Weise das geschieht, das möchten wir gerne im konstruktiven Dialog beraten mit dem Ziel einer einvernehmlichen Übereinkunft.

Wir haben zu diesem Thema schon einmal einen sorgenvollen Blick in unsere Nachbardiözese Passau geworfen, wo außerordentliche Sparmaßnahmen ergriffen werden. Wie froh waren wir von dort zu erfahren, dass beim Diözesanrat nicht eingespart wird. Denn die Begleitung und Motivation der vielen Tausend Ehrenamtlichen ist ein Schatz, der jeder Unterstützung bedarf. Eine Stelle mehr spart wahrscheinlich ein Vielfaches davon.

Wir werden uns überlegen, wie wir künftig die Informationen an die Pfarrgemeinde- und Dekanatsräte strukturieren und akzentuieren. Und wir werden überlegen, wie wir die Arbeit der Vollversammlung transparenter, manchmal auch effektiver machen können. Unsere Zielgruppen sind in erster Linie die Suchenden und Fragenden in einer Zeit schwindender Orientierung, in einer Zeit, in der viele ihre Ideologien anpreisen. Sie sollen stärker und vor allem auch schneller über unsere Ergebnisse und unseren Einsatz erfahren. Deshalb gehört manches in die Vollversammlung; deshalb gehört manches schneller umgesetzt und darf nicht oft Monate irgendwo liegen bleiben. Der seit geraumer Zeit festzustellende

Trend zur Transzendenz heißt nichts anderes, als dass die Menschen eine führende Hand, eine Hilfe brauchen. Diese sollen und wollen wir auch sein.

Eine der wichtigen Aufgaben wird auch sein, noch mehr die aufgrund der „Pastoralen Planung 2000" gestiegene Bedeutung der Dekanate und der Dekanatsräte herauszustellen. Liebe Kolleginnen und Kollegen Dekanatsrats-Vorsitzende, da glaube ich können wir in unseren jeweiligen Einheiten noch stärker initiativ werden.

Zusammenhalten

Wir freuen uns über das große Interesse der Presse und Medien an unserer Arbeit, auch wenn die Umstände für das gestiegene Interesse oft von uns nicht beeinflussbar waren. Ich bitte sie, verehrte Damen und Herren Journalisten, behalten sie dieses Interesse an uns, auch unabhängig von Wahlen. Besonders an die Bistumspresse richte ich die Bitte: Widmen sie den Aktivitäten der Dekanate und Dekanatsräte mehr Raum. Sie würden damit auch einen wichtigen Dienst in der Pastoral leisten.

Ich appelliere an sie/an euch alle, die Mitglieder unseres Diözesanrates: Helfen wir zusammen und halten wir zusammen! Es beobachten uns nämlich mehr Leute als wir manchmal meinen! Das habe ich in den letzten Wochen oft überdeutlich gemerkt.

Und halten wir uns immer vor Augen: Wir haben die beste Nachricht, welche die Welt zu bieten hat - wir haben die Macht des Gebetes, um den Himmel zu stürmen - wir leisten, wo immer wir stehen, in vielen sozialen Bereichen für unsere Mitmenschen einen wichtigen Dienst - wir versuchen, durch unser Tun und Reden den Himmel auf die Erde zu bringen. Denn - noch einmal - Christus hat keine anderen Hände als die unseren, keine anderen Füße als die unseren, keine andere

Sprache als die unsere.

Wir sind Diener unseres Herrn in der Einheit mit unserem Bischof. Diesen Dienst brauchen wir nicht stolz vor uns hertragen, wir müssen ihn aber auch nicht verstecken. Wir sind Repräsentanten der Katholiken unserer Diözese, von den Gläubigen gewählt und von den Verbänden entsandt. Unser Dienst und unser Umgang miteinander sollen deshalb auch vorbildhaft sein.

Kardinal Vlk aus Prag hat vor vier Wochen beim Symposium der Ackermann-Gemeinde in Rohr gesagt, diese Welt verlange eine neue Sprache. Nicht eine Sprache mit Worten, sondern „eine Sprache der Erfahrung durch Zeugnis". Der säkularisierte Mensch sei auf seine Sinne hin orientiert. Er komme mit dem „kirchlichen Dialekt" - mit der förmlichen Fachsprache - nicht mehr zurecht. „Die Menschen verstehen diese Sprache nicht!", so der Kardinal wörtlich. Die Zeichen der Zeit zu erkennen heiße, nicht nur durch intellektuelle Predigten auf die Menschen zuzugehen, sondern durch verstärktes Zeugnis. Erzbischof Matthias U Shwe aus Myanmar hat beim Weltmissionssonntag das so ausgedrückt: „Zeugen des Wortes sein durch Arbeit".

Und der Prager Kardinal machte unmissverständlich deutlich, dass das auch das sei, was der Heilige Vater mit der Neuevangelisierung meine. Nicht neue Methoden seien gefragt, sondern ein neuer Stil des Lebens aus dem Evangelium. Das sei das Dynamische an der Kirche, nämlich die „Inkarnierung der Wahrheit in das Leben". Das bedeute nicht Aufgabe der Dogmen, sondern das bedeute, die Kraft des Heiligen Geistes neu zu entdecken. Davor müssten wir keine Angst haben, so Kardinal Vlk, denn in der Bibel werde 370-mal gesagt „Fürchte dich nicht" und das sei immerhin für jeden Tag einmal.

Appell

So bitte ich sie und ich bitte euch, verehrte Damen und Herren, liebe Freunde - Schwestern und Brüder - mit der Kraft des Heiligen Geistes und in dem Bewusstsein, dass wir alle sehr, sehr wichtig sind:

- gebt Zeugnis eures Glaubens wo immer ihr seid,
- ermuntert eure Schwestern und Brüder, eure Freunde und auch die Fernstehenden, denn Kritik gibt es von verschiedenen Seiten genug,
- unterstützt eure Seelsorger – die Priester und die Laien,
- lobt und dankt lieber einmal zu viel als zu wenig – auch den Ehrenamtlichen, die euch an vordere Plätze gewählt haben,
- richtet auf, wenn jemand des Ehrenamts überdrüssig ist oder keine Perspektive mehr zu sehen glaubt,
- setzt euch ein für den Glauben, für die Armen und Schwachen,
- kooperiert mit den Verantwortlichen anderer Ebenen,
- seid gütig, demütig, barmherzig, hilfsbereit auch untereinander,
- lasst euch nicht in Streitereien verwickeln,
- versucht aufkommende Konflikte möglichst rasch, offen und ehrlich zu lösen zum größeren Nutzen aller Beteiligten,
- seht die großen Ziele unseres Glaubens und unserer Kirche und nicht kleinkariert und eifersüchtig vermeintliche lokale oder regionale Pfründe,
- drängt den Egoismus zurück,
- seid sichtbar Freunde in Gottes Namen,

damit das Schriftwort mit Leben erfüllt wird, das unser Glaubensleben mit diesen Worten zusammenfasst: „Seht wie sie einander lieben!".

Ich danke noch einmal für das in mich gesetzte Vertrauen. Lassen sie mich noch einmal betonen: Mein Kurs wird kein Konfliktkurs sein, sondern er wird ausgerichtet sein auf

Freundschaft, Integration und Kooperation und auf Vertrauen. So bitte ich um Vertrauensvorschuss besonders diejenigen, die mich heute nicht gewählt haben und sich vielleicht schwer tun mit mir. Und ich strecke allen Mitchristen die Hand hin, die nicht zu unserem Gremium gehören, aber trotzdem Probleme mit mir haben. Mein Appell an sie lautet: Werfen sie alle bisher gängigen und verbreiteten Vorurteile weg und seien sie bereit, den heutigen Tag als Zäsur zu begreifen.

Lassen sie mich mein Ziel mit den Worten eines großen Regensburgers zusammenfassen, der nur kurz Bischof dieser Diözese und Stadt war. Albertus Magnus, also Albert der Große, wollte in „wohltuender Gemeinschaft nach der Wahrheit suchen".

Verehrte Damen und Herren, verehrter Herr Bischof, heute in der Ferne des Ständigen Rates der Deutschen Katholischen Bischofskonferenz, ich richte an sie diese Bitte: Suchen wir die wohltuende Gemeinschaft und suchen wir gemeinsam nach der Wahrheit!

Ich werde arbeiten so viel ich kann. Unterstützt uns und mich - das ist meine Bitte. Denn allein sind wir alle schwach - auch ich!

Vielen Dank, dass ihr mir so lange zugehört habt!

Schließlich darf ich sie bitten, sich mit mir vertrauensvoll mit dem großen Dank- und Bittgebet der Kirche an unseren Herrn zu wenden.

In der Schrift heißt es sinngemäß, dass, wer Erster sein will, der Diener aller sein soll.

Das ist das, was mich bewegt: Ich möchte ihnen, der ganzen Gemeinschaft des Diözesanrats, dienen. So lasst uns die gemeinsame Arbeit mit dem Gebet des Herrn beginnen: „Vater unser … „.

Anmerkungen

1 II. Vatikanisches Konzil, Dekret über die Hirtenaufgabe der Bischöfe „Christus Dominus“

2 II. Vatikanisches Konzil, Dekret über das Laienapostolat „Apostolicam actuositatem“

Brief
vom 7. Dezember 2003 an alle Mitglieder des Diözesanrats der Katholiken im Bistum Regensburg

Freude, Dank und Bitte

Sehr geehrte Damen und Herren, liebe Freunde!

Am Freitag, 5. Dezember hat mich unser Herr Bischof persönlich als Vorsitzenden des Diözesanrates der Katholiken im Bistum Regensburg bestätigt. Ich habe ihm dafür unmittelbar gedankt und ihm zugleich meine Loyalität versichert. Gleichzeitig habe ich an den Herrn Bischof – im Beisein des Herrn Generalvikars Dr. Gegenfurtner – die Bitte gerichtet, dass auch die Bistumsleitung mit uns und mit mir vertrauensvoll zusammenarbeiten möge.

Liebe Mitglieder, die Bitte um Vertrauensvorschuss und um konstruktive Zusammenarbeit möchte ich noch einmal in dieser Form auch an Sie alle richten und bekräftigen. Es ist mein fester Wille, mit allen Damen und Herren die vor uns liegenden Aufgaben und Herausforderungen im Dialog zu bewältigen.

Der Herr Bischof hat mir mitgeteilt, dass unsere beiden bischöflich Beauftragten, die Domkapitulare Peter Hubbauer und Reinhard Pappenberger sowie das Mitglied Prof. Dr. Richardi inzwischen schriftlich auf eine weitere Mitarbeit bei uns verzichtet haben. Das bedauere ich und es tut mir Leid, noch dazu, wo mir keiner dieser Herren in der Zwischenzeit die Gelegenheit zu einem persönlichen Gespräch eingeräumt hat. Es wird öffentlich verbreitet, dass mit mir eine kooperative und konstruktive Zusammenarbeit nicht möglich sei. Das empfinde ich als ungeheuerliche Unterstellung, die ich mit Nachdruck zurückweise! Gleichzeitig danke ich aber für ihren bisherigen Einsatz zum Wohl der Kirche insgesamt und für unseren Diözesanrat speziell.

Leider ist schon etwa fünfzehn Minuten nach Beginn des Gesprächs mit dem Herrn Bischof eine Pressemitteilung[1] versandt worden, die weder die Inhalte noch die Atmosphäre des Gesprächs korrekt wiedergibt. Ich habe das 75-minütige Gespräch als sehr vertrauensvoll und konstruktiv und den Herrn Bischof als sehr verständnisvoll für die Anliegen erlebt, die ich ihm im Namen des Diözesanrates vorgetragen habe.

Unser Herr Bischof schätzt die Laienarbeit und auch besonders die vielen ehrenamtlichen Dienste in den Pfarrgemeinde-, Dekanatsräten und im Diözesanrat sowie in den katholischen Verbänden, Vereinigungen und Organisationen.

Ich habe ihm die Bitte vorgetragen, dass wir als Diözesanrat weiterhin ausreichend mit hauptamtlichem Personal ausgestattet bleiben, damit wir einerseits unsere Arbeit fortführen und ausbauen sowie andererseits die Begleitung und Unterstützung der Pfarrgemeinderäte und Dekanatsräte anbieten können. Es gibt keinen Dissens zwischen dem Herrn Bischof und mir, dass dafür neben organisatorischen Hilfen auch theologische Kompetenz unabdingbar ist.

Viele Kontakte nach der Wahl am 24. November - auch und insbesondere mit Mitgliedern, die mich nicht gewählt haben - zeigen mir, dass es weder Flügelkämpfe gibt noch Kontrahenten versöhnt werden müssen. Auch sind wir innerlich nicht gespalten. Ausdrücklich mache ich deutlich, dass diese Begriffe während meines Gesprächs mit dem Herrn Bischof nicht gefallen sind und dieses Thema insgesamt nur eine ganz untergeordnete Rolle gespielt hat. Ich halte es für sehr erstaunlich, dass sie in der Pressemitteilung verwendet werden. Ich darf auch mitteilen, dass die ursprünglich drei Kandidaten für den Vorsitz, Beck, Zachmayer und Wallner, untereinander zu keiner Zeit irgendein Problem hatten. Ganz im Gegenteil: Wir haben uns geachtet und respektiert und wir tun das weiterhin. Das ist das Mindeste, was man von uns als Christen erwarten kann.

Liebe Mitglieder, wir sind Freunde in Gottes Namen! Ich weiß, dass Sie das ausnahmslos so sehen. Das heißt nicht, dass wir nicht da und dort unterschiedlicher Auffassung sein können. Ein qualifiziertes Ringen um beste Vorschläge und Lösungen, um wirkungsvollsten Einsatz und größten Nutzen für unseren Glauben ist eine unserer wichtigsten Aufgaben und es zeichnet uns aus, dass wir das in partnerschaftlicher Atmosphäre - einerseits harmonisch und andererseits kritisch-konstruktiv - schaffen.

Die Konzilsdokumente geben uns allen, nämlich Bischöfen, Priestern und Laien, in besonderer Weise auf, uns im gegenseitigen Gespräch zu bemühen, mit der christlichen Lehre den Herausforderungen sowie den Schwierigkeiten und Fragen, von denen die Menschen so sehr bedrängt und geängstigt werden, entsprechen zu können. „Es besteht in der Kirche eine Verschiedenheit des Dienstes, aber eine Einheit der Sendung.", heißt es im Dekret über das Laienapostolat „Apostolicam actuositatem". Niemand hat einen Zweifel daran!

Dem Konzil war es ein „ernstes Anliegen", „die Laien, jeden nach seiner Begabung und Bildung, zu ermutigen, im Geist der Kirche noch eifriger bei der Herausarbeitung, Verteidigung und entsprechenden Anwendung der christlichen Grundsätze auf die Probleme unserer Zeit ihren Beitrag zu leisten." Weiter: „Die Laien aber müssen … von christlicher Liebe gedrängt, unmittelbar und entschieden handeln." Außerdem wird den Laien in diesem Dokument aufgegeben: „Hochschätzen mögen sie auch berufliche Sachkenntnis, familiären und mitbürgerlichen Sinn und all jene Tugendhaltungen, die sich auf den mitmenschlichen Umgang beziehen, wie Rechtschaffenheit, Sinn für Gerechtigkeit, Aufrichtigkeit, Menschlichkeit, Starkmut, ohne die auch ein wahrhaft christliches Leben nicht bestehen kann."

Liebe Mitglieder des Diözesanrates, packen wir gemeinsam die Arbeit an! Es ist mein erklärtes Bestreben, den Diözesanrat der Katholiken in großer Offenheit zu führen. Ich bitte auch Sie alle um diese Offenheit. Nicht eine, die verletzt und ausgrenzt, sondern eine, die uns als Christen und Katholiken erkennbar und unverwechselbar macht. Bitte rufen Sie mich an, mailen Sie oder schreiben Sie mir oder der Geschäftsstelle, wenn Sie etwas vorzuschlagen haben, wenn Sie etwas bewegt oder bedrückt. Ich werde nach meinen Möglichkeiten und Kräften versuchen, für Sie und den Diözesanrat da zu sein! Ich werde auch nach geeigneten Wegen suchen, um mit möglichst allen von Ihnen auch persönlich noch intensiver ins Gespräch zu kommen.

Anmerkung

1 Pressemitteilung der Diözese Regensburg vom 5.12.2003, veröffentlicht um 17.14 Uhr. Das Gespräch, von dem die Pressemitteilung handelt, hatte zu diesem Zeitpunkt gerade erst begonnen und dauerte knapp eineinhalb Stunden.

Bischof bestätigt Wahl zum Vorsitz des Diözesanrats der Katholiken

(pdr). Bischof Dr. Gerhard Ludwig Müller hat heute den neu gewählten Vorsitzenden des Diözesanrats zu einem Gespräch empfangen und das Ergebnis der Wahl bestätigt. Bereits im Vorfeld der Wahl hatte sich gezeigt, dass der Diözesanrat innerlich gespalten ist. Vertreter verschiedener katholischer Gremien und Vereinigungen hatten in öffentlichen Erklärungen Wallner für unsachliche Äußerungen kritisiert und seine Kandidatur abgelehnt.

Unmittelbar nach der Wahl hatten die beiden geistlichen Beiräte Domkapitular Reinhard Pappenberger und Domkapitular Peter Hubbauer den Rücktritt von ihren Ämtern erklärt. Durch die Wahl sei eine kooperative Zusammenarbeit innerhalb des Gremiums nicht mehr gewährleistet. Keine Möglichkeit einer konstruktiven Zusammenarbeit mit Wallner sieht unter anderem auch der angesehene Professor für Arbeits- und Sozialrecht, Prof. Dr. Reinhard Richardi, der aus diesen Gründen seinen Rücktritt als Diözesanratsmitglied erklärte.
Wallner hat nun laut Bischof Dr. Gerhard Ludwig Müller „die Chance und Verpflichtung, das aufgrund von Flügelkämpfen uneinige Gremium zum Wohl der Kirche von Regensburg wieder zusammen zu führen und sich mit seinen Kontrahenten zu versöhnen. Der Diözesanrat ist vom Bischof eingesetzt und hat laut Satzung die Aufgabe, das Laienapostolat im Bistum zu koordinieren."

Brief
vom 23. Dezember 2003 an Bischof Dr. Gerhard Ludwig Müller. *(Am gleichen Tag hatte ich dem Bischof einen Weihnachtsbesuch abgestattet. Kurz vor dem Verlassen des bischöflichen Ordinariats traf ich auf Domdekan Dr. Max Hopfner, den Offizial und Ökumenebeauftragten des Bistums. Er informierte mich, dass der Bischof den Sachausschuss Ökumene des Diözesanrats auflösen wolle und er, Dr. Hopfner, dafür die notwendigen Vorbereitungen zu treffen habe.)*

Vereinigung des Sachausschusses Ökumene mit der Ökumene-Kommission des Bistums

Sehr geehrter Herr Bischof,

Sie haben bei unserem Gespräch am 5. Dezember (*Anm.: im Rahmen der Bestätigung als Vorsitzender des Diözesanrats*) den Gedanken geäußert, den Sachausschuss Ökumene des Diözesanrates mit der Ökumene-Kommission des Bistums zu vereinigen. Ich konnte Ihnen damals aufgrund mangelnder Vorinformation und insbesondere darum, weil mir dieses Thema insgesamt nicht geläufig war, dazu keine Auskunft geben.

In der Zwischenzeit habe ich sehr oft darüber nachgedacht und bin dabei zu dem Entschluss gekommen, dass die Neugliederung der Ökumenekommission mit dem Fortbestand unseres Sachausschusses derzeit nicht kollidiert. Deshalb hielt ich es für gut und ich wäre dankbar, wenn Sie Mitglieder des Diözesanrates in Ihre Ökumenekommission berufen würden und unser Sachausschuss daneben unangetastet bliebe. Ich möchte Ihnen meine Gedanken gerne wie folgt begründen:

Ich habe von einer beachtlichen Mehrheit der Mitglieder das Vertrauen und von Ihnen den Auftrag bekommen, den

Diözesanrat wieder zu einer harmonischen Gemeinschaft zusammen zu führen. Schon in den ersten Wochen war es mein wichtigstes Bestreben, auf den mir möglichen und eigenen Wegen diesem Ziel sehr schnell nahe zu kommen.

Für die Bildung eines Sachausschusses ist nach der Satzung für den Diözesanrat der Beschluss der Vollversammlung erforderlich. Die Regelung für eine Auflösung ist in der Satzung nicht enthalten, denn die Sachausschüsse sind – wie auch die Organe des Diözesanrates – für eine Amtszeit von vier Jahren gewählt. Es wäre also eine Änderung der Satzung notwendig mit dem Ziel, eine Regelung für die Auflösung von Sachausschüssen zu treffen. Eine Satzungsänderung würde einer Zweidrittel-Mehrheit bedürfen.

Sehr geehrter Herr Bischof, würden wir – Sie und ich – im Diözesanrat den Wunsch auf so eine Satzungsänderung einbringen, so wäre ein Konflikt wahrscheinlich unvermeidlich. Und das gerade in einer Zeit, wo wir uns auf Gemeinsamkeiten hin orientieren. Niemand innerhalb und außerhalb der Kirche würde und könnte verstehen, dass wir es so weit kommen ließen. Außerdem würde das unserem erklärten Ziel, den Diözesanrat auf wichtige Inhalte der Seelsorge sowie auf die Beobachtung und Mitgestaltung der Gesellschaft im christlichen Geist und nach christlichen Werten hinzuführen, nicht entsprechen.

Sicher könnte eingewendet werden, dass es sachliche Überlegungen für eine solche Diskussion gibt. Dann allerdings müsste der Prozess deutlich intensiver inhaltlich präzisiert sein. Mit den mir jetzt vorliegenden knappen und mündlich gegebenen Informationen wäre das noch nicht möglich.

Sicher ist Ihnen bewusst, dass nicht unberechtigt der Eindruck entstehen könnte, über dieses Instrument sollte unser Mitglied Prof. Grabmeier als Sachausschuss-Vorsitzender abgelöst und damit aus dem Hauptausschuss entfernt werden.

Ich glaube nicht, dass das von Ihnen beabsichtigt wäre, und trotzdem gäbe es eine weitere – wahrscheinlich auch öffentlich – diskutierte Variante des „Falles Grabmeier". Das aber kann und darf weder in Ihrem noch in meinem Interesse sein.

Es gibt noch einen Punkt, verehrter Herr Bischof, der für die Beibehaltung des Sachausschusses Ökumene spricht. Und zwar ist das die in der Satzung verankerte Aufgabe des Diözesanrats, „k) die ökumenische Arbeit in allen pastoralen und diakonischen Fragen zu suchen und auszubauen;" (Satzungszitat). Ich meine, dass wir schon vom Selbstverständnis her – wenigstens derzeit – nicht auf diese Aufgabe verzichten sollten, die in erster Linie vom Sachausschuss wahrgenommen wird. Und wieder stellt sich die Frage der Optik. Welches Bild würde sich in der Öffentlichkeit und insbesondere bei unseren evangelischen Mitchristen ergeben, wenn Sie, als gerade frisch gewählter „Ökumene-Bischof" Deutschlands, ein kleines Organ der Ökumene in Ihrem Bistum auflösen wollten? Ich denke, dass Sie sich eine solche Diskussion derzeit nicht zumuten sollten.

Ich bitte und hoffe auf Ihr Verständnis, dass ich mich jetzt nicht anders äußern kann. Und damit nicht unnötige Diskussionen und Gerüchte entstehen, habe ich zu diesem Thema noch niemanden beteiligt, auch nicht den Vorstand oder den Sachausschuss Ökumene. Ich habe aber größtes Interesse daran, mit Ihnen persönlich das Thema zu erörtern. Dies vor allem deshalb, weil eine Entscheidung wahrscheinlich doch weitreichende Folgewirkungen hätte. Um alle Vor- und Nachteile abwägen zu können, halte ich den Dialog für unabdingbar.

Auszug aus dem Brief vom 6. Januar 2004 an Bischof Dr. Gerhard Ludwig Müller.

(Mit Datum 2. Januar 2004 hatte mich Dr. Hopfner jetzt aufgefordert, die nötigen Schritte einzuleiten, wie z. B. Satzungsänderung, um den Sachausschuss „Ökumene" des Diözesanrats aufzulösen. Mir war klar, dass eine solche Initiative den Diözesanrat in eine schwere Krise stürzen würde, was wahrscheinlich von der Diözesanleitung auch beabsichtigt war.)

Sachausschuss Ökumene – Diözesankommission Ökumene

Sehr geehrter Herr Bischof,

...

Ich muss mich in der Angelegenheit „Sachausschuss Ökumene – Diözesankommission Ökumene" noch einmal an Sie persönlich wenden, denn ich habe den Eindruck, dass meine Argumente nicht genügend Beachtung finden.

Zuerst möchte ich Ihnen noch einmal das schriftlich bestätigen, was ich Ihnen persönlich schon gesagt habe: Sie können sich in unserer Bruderschaft auf mich verlassen und auch darauf, dass ich alles versuchen werde, den Diözesanrat zur Gemeinschaft zu führen. Das heißt im Umkehrschluss, dass ich derzeit alles zu vermeiden versuche, was diesem Ziel entgegenstehen würde.

Als den besten Beweis für das konsequente Verfolgen dieser Absicht mögen Sie bitte erkennen, dass ich die unselige Pressemitteilung Ihres Hauses vom 5. Dezember 2003 (*Anmerkung: Die Pressemitteilung ist auf Seite 56 in diesem Buch abgedruckt.*) weder öffentlich kritisiert noch kommentiert habe. Dabei gäbe es Grund genug, wie ich Ihnen schon am 23. Dezember dargelegt habe. Herr Prof. Dr. Richardi hat mir nämlich erklärt, er habe das, wie er in der Pressemitteilung zitiert wird, „weder gesagt noch geschrieben".

Es handelt sich damit glatt um die Unwahrheit, vielleicht sogar um eine Lüge, die im Namen der Diözese Regensburg verbreitet wurde - wer immer das auch zu vertreten und zu verantworten hat. Aber wie gesagt, Sie haben manches ertragen müssen in den letzten Monaten - und ich werde das auch tragen können. Mir sind die Einheit und das gute Verstehen viel zu wichtig, als dass ich das aufgrund von Spielchen Einzelner aufs Spiel setzen wollte.

Auf noch eines darf ich Sie in diesem Zusammenhang hinweisen: Es wird derzeit von mehreren Personen aus der Diözesanleitung das Gerücht verbreitet, dass es bei mir noch etwas gäbe, das die Vorbehalte mir gegenüber rechtfertigen würde. Dies sei aber geheim und dürfe nicht veröffentlicht werden. Es geht dabei offenbar um meinen „Karfreitagsbrief" an den Herrn Kardinal Ratzinger. (*Anmerkung: Dieser Brief ist als Anhang 1 in diesem Buch abgedruckt.*)

Sehr verehrter Herr Bischof, mit dem Streuen dieses Gerüchts wird ganz offensichtlich ein weiterer Versuch gestartet, mich als nicht vertrauenswürdig hinzustellen. Sie werden verstehen, dass mich das ärgert. Ich konnte der Argumentation von Herrn Priller, dass es sich um ein Entgegenkommen Ihrerseits handelte, diesen Brief nicht zu veröffentlichen, bisher durchaus etwas abgewinnen. Jetzt aber muss ich Ihnen sagen, dass ich gegen eine Veröffentlichung nichts einzuwenden habe. Denn das ist für mich wesentlich leichter zu ertragen, als dass diese unfairen Gerüchte durch die Diözese schleichen.

Sehr verehrter Herr Bischof, ich bitte Sie herzlich und eindringlich, derzeit die Auflösung des Sachausschusses Ökumene nicht weiter zu verfolgen. Wir sollten uns jetzt keine Strukturdiskussionen zumuten, sondern auch den Diözesanrat in erster Linie inhaltlich arbeiten lassen. Dabei darf ich auf meine Darlegungen im Brief vom 23. Dezember an Sie verweisen.

Ich möchte Ihnen gerne versichern, dass ich mit dieser Bitte in keiner Weise Ihre bischöfliche Autorität anzweifeln oder zu beschneiden versuchen möchte. Meine Intervention entspringt in erster Linie dem Auftrag, der im Dekret über das Laienapostolat „Apostolicam actuositatem" in Nr. 16 ausführlich beschrieben ist.

Ich habe mir erlaubt, einen Abdruck dieses Briefes dem Herrn Generalvikar als Leiter der Verwaltung - insbesondere im Hinblick auf die Presseveröffentlichungen - zu übersenden.

 67

Rechenschaftsbericht
bei der Vollversammlung des Diözesanrats der Katholiken im Bistum Regensburg am 28. Februar 2004 im Bildungshaus „Schloss Spindlhof"

Verehrte Mitglieder, liebe Schwestern und Brüder, ich darf ihnen den ersten Rechenschaftsbericht geben. Sie haben mich am 24. November letzten Jahres zum Vorsitzenden gewählt. Die Bestätigung der Wahl erfolgte am 5. Dezember durch unseren Herrn Bischof Dr. Gerhard Ludwig Müller. Ich habe von Anfang an den Auftrag sehr ernst genommen, das Gremium zu einer harmonischen und konstruktiv wirkenden Gemeinschaft zu führen. Ich werde auch weiterhin alles tun, was diesem Ziel dient. Aber auch alles unterlassen bzw. zu verhindern versuchen, was diesem Ziel entgegenstehen würde.

Kommunikation war und ist für mich sehr wichtig! Ich bin dankbar für die regelmäßigen persönlichen Kontakte mit Bischof Dr. Gerhard Ludwig Müller. So wächst Vertrauen und es wird eine gute Basis für wirklich gute Zusammenarbeit geschaffen. Ich strebe rasche Kontakte mit den Dekanatsräten und Verbänden sowie Organisationen an. Ein Treffen mit einem Dekanatsrat habe ich hinter mir, mit weiteren 13 sind bereits Termine vereinbart. Damit verfolge ich auch das Ziel, dass mich die Verantwortlichen in den Pfarreien wenigstens durch Sehen und Hören kennen lernen. Ich nehme derzeit auch andere Gelegenheiten wahr, um mit Ehren- und Hauptamtlichen ins Gespräch zu kommen, wie z. B. mit der Teilnahme am Bildungstag für Pfarrgemeinderäte in Johannisthal oder bei einem Arbeitskreis des BDKJ. Und mir sind die Kontakte mit den katholischen Verbänden wichtig. Sicher haben sie Verständnis dafür, dass ich zuerst mit den großen Verbänden in Gespräche eintrete. Mir ist gutes Verstehen mit allen wichtig. Deshalb habe ich sehr darauf gedrängt, das am

11. Oktober angekündigte Gespräch mit MMC-Zentralpräses Wachter rasch zu führen. Das Ergebnis haben wir ihnen schriftlich mitgeteilt. Ich habe fest vor, mit allen Mitgliedern konstruktiv zu kooperieren, insbesondere auch mit dem Vorstand und Hauptausschuss und speziell möchte ich unsere neuen bischöflichen Beauftragten nennen. Vielen Menschen und Institutionen habe ich mich schriftlich vorgestellt und die Zusammenarbeit angeboten. Von vielen gab es positive Rückmeldungen. Wer regelmäßig im Internet unter www.dioezesanrat-regensburg.de nachschaute, bemerkte, dass wir schon in den ersten Wochen dieses Informationssystem ausgebaut haben. Wir möchten in Zukunft auch direkt und schnell Infos per E-Mail an sie heranbringen. Dazu brauchen wir ihre Daten. Wer sie noch nicht gemeldet hat, soll das bitte heute tun. Ihr Geburtsdatum hätten wir gerne, weil wir ihnen wenigstens zu einem „runden" Geburtstag in Zukunft gratulieren wollen.

Liebe Schwestern und Brüder, als wesentliche Aufgabe für mich persönlich sehe ich es an, ehrenamtliche Arbeit zu stärken, ihr Achtung und Anerkennung zu verschaffen, denn sie ist sehr wichtig und wird immer noch wichtiger werden! Ich möchte dabei mithelfen, dass die Motivation mindestens bleibt, vielleicht sogar steigt.

Die Ansprache von Papst Johannes Paul II. vom 10. Januar 2004 vor der Kleruskongregation[1] ist eine wichtige Ermutigung! Der Heilige Vater spricht von der „nützlichen Mitarbeit der Laien" und davon, dass es sich bei den verschiedenen Räten um Organe der Teilhabe handle. Der ganze Text liegt ihnen heute vor.

Auch das nachsynodale apostolische Schreiben „Pastores Gregis" vom 16. Oktober 2003 hebt die Bedeutung des in Vereinigungen ausgeübten Laienapostolates heraus. Wir stimmen ausdrücklich darin überein, dass „Ausbildungsgänge zu fördern sind, welche die Laien dazu befähigen, in der Kirche Verantwortung zu übernehmen; nicht nur in den verschiedenen Diensten zur Belebung der Liturgie, Katechese, katholischem Religionsunterricht an den Schulen usw., sondern darüber hinaus innerhalb der Strukturen der Mitwirkung auf Diözesan- und Pfarrebene".

Unsere inhaltliche Arbeit

Wir sind Teil der Kirche und deshalb engagieren wir uns auch in ihr - als gläubige Katholiken, z. B. auch in Strukturfragen. Wir haben uns geäußert zur Planung des Personalschlüssels für Seelsorgeeinheiten.

Es bleibt aber nicht bei Strukturfragen. Nein, wir haben uns vorgenommen, auch in Zukunft nach- und mitzudenken, wo unser Engagement in der Pastoral hilfreich sein kann und wie wir die Pastoral fördern können. Zum Beispiel unterstützten wir nachhaltig den Weltjugendtag und die „Tage der Begegnung" in unserer Diözese.

Besonders möchte ich an dieser Stelle bei ihnen werben für die dreitätige Wochenend-Klausurtagung im März nächsten Jahres, bei der wir unsere Aufgaben, Stärken und Kernkompetenzen - geführt von externer Moderation - in einem intensiven Prozess erarbeiten wollen. Bitte nehmen sie sich an diesem Wochenende schon jetzt nichts anderes vor.

Eine sehr wichtige Aufgabe für uns ist, in die Welt hineinzuwirken. Das haben wir getan: Mit Schreiben vom Dezember 2003 an die bayerische Kultusministerin mit dem Einsatz für den Erhalt der 3. Religionsstunde in der 3. und 4. Klasse. Dort geschieht die Vermittlung der für unsere Gesellschaft so wichtigen Werte durch Beispiele, Zuwendung und Einfühlungsvermögen im Rahmen einer ganzheitlichen Bildung. Wir haben Protest eingelegt gegen die Abschaffung der Lernmittelfreiheit, denn beim Sparen ist die Versuchung groß, die Familien abzukassieren. Da erzielt man mit relativ wenig Einsatz große finanzielle Wirkung. Jetzt geistert „Büchergeld" durch die Gerüchteküche. Das ist nur eine andere Form der Belastung von Familien mit Kindern!

Wir brauchen eine neue Solidarität für die Familien und die Einsicht für eine neue Gerechtigkeit in der Gesellschaft. Deshalb haben wir uns konstruktiv zu Wort gemeldet im Rahmen der Diskussion um eine große Steuerreform. Familien und Kinder sind unser wichtigstes Gut. Alle sagen das und schreiben das. Wer tut Entscheidendes dafür? Familien mit Kindern haben deutlich weniger Geld zur Verfügung als andere Haushalte. Mit unserem Vorschlag zur Steuerreform bleibt ihnen mehr. Und wer nicht unter die Regelung fällt, soll mehr Kindergeld erhalten. Wo das Geld herkommen soll? Das ist eine echte politische Gestaltungsfrage! Da ist Mut und Bekennen gefragt. Ja, das kann soweit gehen, dass Singles und Paare ohne Kinder mehr bezahlen müssen. Das ist keine Diskriminierung dieser Personen, sondern das ist der Ruf nach Solidarität. Das ist die Frage, was höher steht: das Allgemeinwohl oder das Einzelinteresse! Selbstverständlich leiden viele Paare darunter, dass sie keine Kinder bekommen können. Selbstverständlich gibt es medizinische Gründe, die einem Kinderwunsch entgegenstehen. Und es gibt Paare und Einzelne, die sich bewusst gegen ein Kind entscheiden. Wir respektieren jede dieser Situationen. Nur, das darf nicht zur Konsequenz haben, dass die Familien nicht stärker entlastet werden. Denn es bleibt bei all diesen Tatbeständen objektiv festzuhalten: Einzelpersonen und Paare ohne Kinder stehen finanziell und wirtschaftlich in der Regel viel besser da als Familien mit Kindern. Und das ist die eigentliche Ungerechtigkeit. Darauf hat das Bundesverfassungsgericht mehrfach hingewiesen. Dass Regelungen gefunden werden müssen, die ältere Eltern, die Kinder groß gezogen haben, später nicht wie

Kinderlose behandelt werden dürfen, das ist ebenfalls selbstverständlich. Wenigstens bei der Alterssicherung muss das in Zukunft eine wesentlich stärkere Rolle spielen. Auch das ist ein Beitrag zur neuen Solidarität. Zusammenfassend: Wenn wir die Familien mit Kindern nicht entscheidend stärken, auch finanziell, dann sterben wir aus. Ob damit die Politik - mit einem Kanzler und Vizekanzler ohne eigene Kinder - ihrer wichtigen Aufgabe gerecht wird, das wage ich zu bezweifeln.

Ich bin der Presse sehr dankbar, dass sie unsere Initiative von Mitte Februar so breit in die Bevölkerung hineingetragen hat. Und ich bin unserem Herrn Bischof dankbar, dass er uns dabei unterstützt hat.

In Südkorea hat es in den letzten Wochen wieder einen zweifelhaften Erfolg beim so genannten therapeutischen Klonen gegeben. Was immer auch die Wissenschaft weltweit noch alles bringen wird, unsere Haltung ist eindeutig und dogmatisch: Das Töten von menschlichem Leben ist nicht erlaubt! Zu keinem Zweck! Auch nicht dazu, um möglicherweise einem anderen Menschen die vage Hoffnung auf Heilung geben zu können! Doch diese Versuchung wird immer wieder aufkommen, denn in diesem Bereich müssen wir mit weiteren gravierenden Entscheidungen und Vorgängen in der Wissenschaft rechnen.

Noch ein wichtiges Thema steht uns ins Haus: die Angst um den Arbeitsplatz, auch und besonders aufgrund der EU-Osterweiterung und gerade in den Grenzgebieten unserer Diözese. Der Sozialstaat kann nur über soziale Gerechtigkeit gestaltet werden. Diese ist aber nur zu bewerkstelligen, wenn möglichst alle gleiche Chancen, auch die des Arbeitsplatzes, haben. Vor allem diejenigen mittelständischen Betriebe und deren Arbeitnehmer in einem breiten Gürtel entlang der Grenze des neuen EU-Mitglieds Tschechien haben mit großen

Problemen zu kämpfen. „Ab Mai gibt es einen harten Kampf schon allein deshalb, weil es in Tschechien von der EU große Investitionszuschüsse gibt", sagte mir erst am Donnerstag ein sehr besorgter Mittelständler. In Regen in der Diözese Passau entlässt ein Unternehmer 370 Leute und baut im benachbarten Tschechien einen neuen Betrieb auf, für den er 250 Leute neu einstellt. Wir werden dafür eintreten, dass die Beitrittsländer der EU so schnell wie möglich unsere Standards erreichen - die sozialen und die anderen, wie etwa der Anforderungen an die Umwelt. Dann sind die Chancen auch wieder gleich verteilt. Wir werden versuchen, die Zukunft des gerechten Sozialstaates zum Thema unserer Herbstvollversammlung zu machen.

Schließlich: Wir werden uns beteiligen am Stand des Dekanatsrates Regensburg-Stadt bei der Donau-Ausstellung DONA 2004 und damit eine weitere Gelegenheit nutzen, um in die Öffentlichkeit hineinzuwirken.

Liebe Freunde, ich habe in den letzten Wochen hart gearbeitet. Manchmal ist mir sehr bewusst geworden, dass ein solches Ehrenamt mehr verlangt, als von jemandem erwartet werden kann. Nicht zuletzt deshalb werde ich auch in Zukunft sehr darum werben und kämpfen, dass wir hauptamtliches Personal haben und bekommen. Wir verkennen nicht den Zwang zum Sparen. Auch wir sind dazu bereit. Aber das Sparen beim Diözesanrat soll sich in einem solchen Rahmen bewegen wie bei anderen auch - nicht weniger, aber auch nicht mehr.

Heute stehen als wichtige Themen die Gemeindecaritas, die Betreuung von Kindern in der Schule und außerhalb der eigenen Familie sowie unsere Verantwortung für Mission-Entwicklung-Frieden-Bewahrung der Schöpfung und eine weitere Information im Hinblick auf den Weltjugendtag auf der Tagesordnung.

Ich wünsche einen fruchtbaren Tag mit einer jetzt gleich anschließenden guten Wahl von zwei stellvertretenden Vorsitzenden. Die generelle Aussprache zum heutigen Vormittag möchte ich gerne auf die Zeit vor dem Mittagessen verschieben und bitte sie dafür um Verständnis.

Ich danke für das mir bisher entgegengebrachte Vertrauen und auch für ihre Aufmerksamkeit.

Rechenschaftsbericht

bei der Vollversammlung des Diözesanrats der Katholiken im Bistum Regensburg am 9. Oktober 2004 im Diözesanzentrum Obermünster

Liebe Mitglieder unseres Diözesanrates, liebe Freunde! Wir haben uns im Vorstand und Hauptausschuss seit der letzten Vollversammlung sehr darum bemüht, die Stimme der katholischen Laien in der Diözese Regensburg zur Geltung zu bringen. Das geschah in manchen Fällen öffentlich, in anderen auf jeweils angemessenen Wegen.

Auch in den Sachausschüssen wurde sehr gute Arbeit geleistet. Ich darf einiges kurz anreißen:

1. Unterschriftenaktion für einen Gottesbezug im Europäischen Verfassungsvertrag

Diese gemeinsame Aktion des Diözesanrates mit katholischen Verbänden, unterstützt vom Herrn Bischof, hat gezeigt, dass wir Katholiken und Christen zusammenhalten, wenn es darauf ankommt. Über 51.000 Unterschriften in so kurzer Zeit, das war und ist ein außerordentlicher Erfolg. Es gebührt allen Dank, die sich dafür engagiert haben. Leider wurde unsere Forderung nicht erfüllt. Über die Gründe wurde viel gesprochen und geschrieben.

2. Familien- und Geburtenförderung

Wir haben unseren Einsatz für die Familien mit Kindern verstärkt und uns konsequent gegen weitere finanzielle Belastungen der Familien mit Kindern gewandt. Deutschland lamentiert über den Geburtenrückgang, andere Länder handeln – positiv mit familienfördernden Maßnahmen und nicht mit kontraproduktiven Diskussionen über Belastungen, wie etwa die Einführung eines Büchergeldes oder die Beteiligung der Eltern an der Schülerbeförderung. Wir bleiben dran, denn das Leben zu haben ist ein Geschenk unseres Schöpfers. Und dieses Leben weiterzuschenken verdichtet sich zur Verpflichtung. Dafür müssen alle alles tun.

Die aktuelle „Pestel-Studie 2/2004" belegt, dass Deutschland bis zum Jahr 2050 um über 20 Millionen mehr Sterbefälle als Geburten hat, wenn die Geburtenziffer mit derzeit rund 1,35 Kinder je Frau nicht deutlich angehoben werden kann. Sollte es gelingen, bis zum Jahr 2015 eine Steigerung der Geburtenziffer auf 1,9 zu erreichen und diese Geburtenziffer auch zu halten, dann würde sich der Überschuss der Sterbefälle auf etwa 10 Millionen halbieren. Und dies könnte durch Zuwanderung ausgeglichen werden. Um das Ziel der Anhebung der Geburtenziffer zu erreichen, veranschlagen Experten 100 Milliarden öffentliche Mittel. Frankreich leistet sich das seit knapp 15 Jahren. Und hat Erfolg, denn dort ist innerhalb dieses Zeitraums die Geburtenziffer von rund 1,4 auf etwa 2,0 gestiegen.

Ich habe den Herrn Ministerpräsidenten gebeten, so konsequent wie den schuldenfreien Haushalt 2006 auch das Ziel zu verfolgen, dass Familien mit Kindern in Zukunft keine weiteren Belastungen zugemutet werden. Weitere gravierende Besserstellungen sind ohnehin nicht erreichbar. Die Antwort auf unsere Initiative ist durchwegs positiv. Doch habe ich kein Verständnis dafür, dass die Verunsicherung der Familien und der jungen Leute mit einem Büchergeld von 20 und 40 Euro fortgesetzt werden muss.

Ich darf bei dieser Gelegenheit wieder das „Familienwahlrecht" ins Gespräch bringen, und zwar so, dass die Kinder das Wahlrecht bekommen, die Eltern dieses aber bis zu einem bestimmten Alter stellvertretend für ihre Kinder ausüben. „Familien brauchen Stimmen" – so hat der Journalist Gustav Norgall einen Leitartikel in der Mittelbayerischen Zeitung überschrieben. Familien brauchen Stimmen, weil wahrscheinlich nur so der Bestand unseres Volkes gesichert wird.

3. Bioethik

Dieses Thema dürfen wir nicht aus dem Auge verlieren. Denn leider geht kein Aufschrei durch unser Land, wenn am 27. August die BILD-Zeitung vermeldet, „Herzmuskel aus Stammzellen gezüchtet" und ausdrücklich festgestellt wird, dass in Köln erstmals aus „Embryo-Stammzellen" Herzmuskelzellen entwickelt worden sind.

4. Bild der Kirche

Die Vorgänge in der Diözese St. Pölten bedeuteten für die Kirche, die Katholiken, insgesamt für die Christen, eine Katastrophe. Aber nicht nur, weil Schlimmes vorgefallen ist, sondern auch, weil Bischof Krenn keinerlei Einsehen zeigte. Das hat der Kirche Schaden zugefügt und das haben wir öffentlich gerügt. Und wir sind froh, dass Bischof Krenn auf Wunsch des Papstes zurückgetreten ist.

5. Vorbereitung auf die Seelsorgeeinheiten

Die Besuche bei den Dekanatsräten haben mir deutlich vor Augen geführt, dass die umschriebenen Seelsorgeeinheiten in Teilen den Mitgliedern der Dekanats- und Pfarrgemeinderäte immer noch nicht bekannt sind, in anderen Teilen aber schon voll akzeptiert werden. Kaum ein Dekanat hat sich aber bisher vorbeugend damit auseinandergesetzt, welche atmosphärischen Vorbereitungen nötig sind, um möglichst frühzeitig alle Beteiligten, z. B. Pfarrgemeinderäte, Kirchenverwaltung, Gläubige, auf die neue Situation vorzubereiten und einzustellen. Da sehe ich ein wichtiges Aufgabenfeld für unsere Arbeit. Denn es wird entscheidend darauf ankommen, wie die Verantwortlichen in den Pfarrgemeinderäten mit der neuen

Situation jeweils umgehen. Dieses Zusammenwirken und Verstehen strahlt aus auf die Gläubigen, bei denen nicht unbegründet Ängste vorherrschen. Bitte überlegen sie mit, auf welche Weise wir effektiv den Vorbereitungsprozess mitgestalten können.

6. Schule, Religionsunterricht

Wir haben in den letzten Monaten ein besonderes Augenmerk auf die Entwicklung des Religionsunterrichts in den Schulen gelegt. Insbesondere geht es uns um die dritte Religionsstunde in den dritten und vierten Klassen der Grundschule. Daneben spielte aber auch die Situation des Religionsunterrichts an den Berufsschulen, Realschulen und Gymnasien eine Rolle.

7. Sonntagsschutz

Wir haben uns auch geäußert zum Thema „Sonntags-Schutz". Diese Äußerung war notwendig, nachdem die Gesetzgebungs-Kompetenz für den Ladenschluss vom Bund auf die Länder übergeben wird und es in der Presse bereits Andeutungen gibt, dass in einigen Bundesländern an bestimmten Orten oder zu bestimmten Zeiten der Sonntagsschutz fallen wird. Wir verweisen darauf, dass alle Menschen, besonders die Familien, in der heutigen Zeit der Hektik den Sonntag als Tag der Ruhe und der Gemeinschaft brauchen. Dieser Tag entlastet sie von der täglichen Arbeit und gewährt die Chance wieder zu sich selbst zu finden. Für Christen ist der Sonntag unverzichtbar ein Tag, an dem sie in besonderer Weise ihr Leben vor Gott bedenken. Die christliche Sonntagskultur ist ein notwendiger Kontrast zu einer weit verbreiteten Sinn- und Deutungslosigkeit. Es gibt auch in der Wirtschaft kein Tun, das nicht ethisch überprüft werden müsste. Diesen Text hat der Diözesanrat fast wortgleich schon 1999 veröffentlicht.

8. Atmosphäre/Stimmung in unserer Diözese

Liebe Mitglieder, ich will das wichtigste Thema der letzten Monate in unserer Diözese nicht ausklammern. Ich gebe Rechenschaft darüber, was ich getan, geschrieben, unterlassen und mit vielen Menschen geredet habe. Viele Menschen sind traurig über die derzeitige Stimmung in unserer Diözese, denn zu sehr wurde und wird polarisiert.

Die Ziele all meiner Bemühungen waren, dass Konflikte nicht eskalieren, Grenzen erkannt werden, Menschen sich weiterhin achten und die Kirche insgesamt nicht zu negativ in Erscheinung tritt. Ich wollte mithelfen, dass sich die entstandenen Irritationen, Ängste und Verärgerungen nicht in Resignation einerseits und Aggressivität andererseits entwickelten. Für all das habe ich nicht den Weg über die Öffentlichkeit gewählt, das haben sie alle gemerkt und verstanden.

Ich weiß nicht, ob ich auch nur eines dieser Ziele bei irgendeinem Menschen erreicht habe. Aber ich weiß aus unzähligen Gesprächen, liebe Freunde: Sehr viele sind froh über das von uns und von mir gewählte Verhalten und viele sind traurig betroffen, weil die Auseinandersetzungen der letzten Monate bisher niemandem gedient haben – auch nicht unserer Kirche! Diese Reaktion kommt meistens nicht, weil die einen mehr und die anderen weniger Recht hätten. Nein, sie kommt allein dadurch, dass es überhaupt dazu kommen durfte, dass sich eine nicht unbedeutende Zahl von Gläubigen in einer Art Lagerbildung verpflichtet fühlen. Die gewählte Sprache der „Lager" wird immer härter, was nicht zuletzt die Leserbriefe beweisen. Der Herr Wachter möchte die Teilung der Gläubigen nach einem „Kräfteverhältnis" sogar in den Diözesanrat tragen[1].

Ich verurteile all das, was zu verdecken versucht, dass wir *eine* Kirche sind, mit *einem* Glauben, mit *einem* Herrn! Dass es unterschiedliche Auffassungen in der konkreten Umsetzung gibt, das durchlebt die Kirche seit zweitausend Jahren. Die Frage ist nur, wie diese unterschiedlichen Auffassungen vorgetragen und entstandene Konflikte bewältigt werden.

Wir haben noch sehr, sehr viele Gläubige, die aus der Frohbotschaft unseres Herrn leben möchten und deshalb von ihren Hirten - den großen und den kleinen - erwarten, dass sie Meinungsverschiedenheiten, gegenseitige Verärgerungen und Wunden vorbildhaft austragen, vortragen und heilen. Da geht es nicht um ein „Kräfteverhältnis", sondern da geht es um Verstehen, Vertrauen, Zuhören, Nachgeben, Einlenken, Vermitteln, ...

Mir sind während der letzten Monate, auf einem Höhepunkt der öffentlichen Auseinandersetzung, auf einer kleinen Karte Worte von Pierre Stutz in die Hände gefallen:

„Einander neues An-sehen schenken
festgefahrene Meinungen loslassen
mitten im Streit
einander wohlwollend verzeihen"

Das war und ist es, was wir uns alle wünschen, liebe Freunde! Das alles ist sehr emotional, weil auch die Menschen in unserer Diözese den Konflikt emotional bewältigen müssen. Rational kann das ohnehin kaum jemand. Das ist auch Aufgabe der Gerichte, die bemüht sind und urteilen werden. Nicht, dass mich jetzt jemand in diesem Raum falsch versteht: Ich lasse mich keinem Lager zurechnen! Und ich lasse mich nicht instrumentalisieren. Und nicht, dass jetzt jemand daraus spitzfindig konstruieren könnte, ich und wir würden nicht zu unserem Bischof stehen.

Mir und uns liegt „Schwarz-Weiß-Denken" fern, und das weiß der Herr Bischof. Im Übrigen kann ich ihnen bei dieser Gelegenheit versichern, liebe Freunde, verehrte Damen und Herren, dass wir nach kritischen Monaten in eine Phase eingetreten sind, die gegenseitiges Verstehen wachsen lässt und in der wir uns - der Herr Bischof und ich - sehr freundlich, offen und konstruktiv immer mehr aufeinander einlassen. Gerade ein solches gewachsenes Verständnis und eine solche gewachsene Offenheit ermöglichen es zu äußern, dass ich in mir die Verpflichtung spüre, im Namen der in Räte gewählten katholischen Laien, meine Sorge zu äußern über die Art und Weise, wie die jüngsten Konflikte ausgetragen werden. Diese Verpflichtung erwächst nicht zuletzt aus dem Wissen heraus, dass sich sehr, sehr viele Menschen große Sorgen machen - Laien und Priester. Doch kaum jemand mag eine solche - gut gemeinte - Sorge äußern. Zu sehr ist die Polarisierung vorangeschritten.

Liebe Freunde, es mag in den letzten Monaten vieles in bester Absicht und mit edlen Zielen in die Wege geleitet, gesagt und geschrieben worden sein. Doch leider hat das noch nicht dazu geführt, dass den Menschen der liebe Gott näher gebracht oder das Vertrauen in die Größe und Güte Gottes gestärkt worden wäre. Deshalb hoffe und wünsche ich, dass nicht nur Gerichte das letzte Wort sprechen werden, sondern dass alle Beteiligten bereit sind, einerseits die Hand hinzustrecken und andererseits jede ausgestreckte Hand zu ergreifen! Und uns alle möchte ich ermuntern, dabei mitzuhelfen, dass so etwas möglich wird. Durch Gebet, durch Gespräch, durch Friedfertigkeit, durch das Leben der christlichen Kardinaltugenden: Klugheit, Gerechtigkeit, Mäßigkeit, Tapferkeit, und durch das Zurückdrängen von Eitelkeit sowie durch etwas mehr Gelassenheit.

9. Besuch bei 16 Dekanatsräten

Ich habe bis jetzt 16 Dekanatsräte besucht und dabei über 700 Priester (Pfarrer), Pfarrgemeinderatsvorsitzende, weitere engagierte Laien getroffen. Fünf weitere Besuche stehen in der nächsten und übernächsten Woche bevor. Mir ist dabei durchwegs große Offenheit entgegengebracht worden und ich habe vielfältige Aktivitäten erlebt. Sehr deutlich ist mir dabei geworden, dass es in unserer Diözese außerordentlich viele hoch motivierte Ehren- und Hauptamtliche gibt. Unsicherheiten habe ich gespürt im Hinblick auf die Aufgaben des Dekanatsrates (Sakramentenpastoral, Dekanatsidentität, ...). Für die Arbeit des Diözesanrates wurde beachtliches Interesse gezeigt. Wichtig war fast überall, dass es „gut geht" zwischen dem Bischof und den Laien - besonders auch dem Diözesanrat. Oftmals erklärten mir Pfarrer, dass ohne Laien die Arbeit in der Pfarrei kaum zu bewältigen wäre. Nicht zuletzt deshalb habe ich viel gedankt. Und ich habe gebeten, nicht nachzulassen bzw. da und dort noch einen Gang zuzulegen.

Eine wichtige Erkenntnis aus den Besuchen ist, dass wir alles dafür tun müssen, um die Ehrenamtlichen weiterhin zu motivieren und sie von der Wichtigkeit und Notwendigkeit ihres Dienstes zu überzeugen. Denn dieser Dienst wird von der Kirche gewünscht, wie es auch im Dekret über das Laienapostolat „Apostolicam actuositatem" im 3. Kapitel heißt: *„10. Als Teilnehmer am Amt Christi, des Priesters, Propheten und Königs, haben die Laien ihren aktiven Anteil am Leben und Tun der Kirche. Innerhalb der Gemeinschaften der Kirche ist ihr Tun so notwendig, daß ohne dieses auch das Apostolat der Hirten meist nicht zu seiner vollen Wirkung kommen kann. Denn wie jene Männer und Frauen, die Paulus in der Verkündigung des Evangeliums unterstützt haben (vgl. Apg 18,18.26; Röm 16,3), ergänzen Laien von wahrhaft apostolischer Einstellung, was ihren Brüdern fehlt; sie stärken geistig die Hirten und das übrige gläubige Volk (vgl. 1 Kor 16,17-18)."*

10. Begleitung der ehrenamtlichen Rätearbeit

Der Herr Generalvikar hat uns mitgeteilt, dass für religiöse und pastorale Anliegen der Pfarrgemeinderäte und Dekanatsräte Herr Diakon Dr. Markus Hundeck im bischöflichen Seelsorgeamt der kompetente Ansprechpartner ist. Wir sind dankbar, dass es nach dem Abzug von Hartmut Meyer jetzt wieder einen Ansprechpartner gibt und wir wünschen und hoffen, dass damit auch wieder Angebote für die geistige und spirituelle Fortbildung gemacht werden können.

11. Dekanatsrats-Vorsitzenden-Konferenz

Gut zwei Drittel der Dekanatsratsvorsitzenden haben sich Ende Juni in Ettmannsdorf zu einer vierstündigen Klausur getroffen. Wir haben uns vor allem mit den Aufgabenfeldern Gemeindekatechese, Vorbereitung auf die Seelsorgeeinheiten und Altenarbeit beschäftigt.

12. DONA 2004 Regensburg und Katholikentag Ulm

Der Diözesanrat hat sich bei der Donau-Ausstellung Regensburg und beim Katholikentag in Ulm jeweils sehr sympathisch präsentiert und engagiert. Wir halten ein solches Engagement auch in der Zukunft für einen richtigen Weg. Denn wir dürfen als Frauen und Männer, die in der katholischen Kirche in Räten und Verbänden engagiert sind, unser Licht nicht unter den Scheffel stellen. Es gab bei beiden Auftritten viel Zuspruch und Lob.

Das Lob und den Dank möchte ich jetzt generell aussprechen. Denn es hat sich gezeigt, dass wir viel können, wenn viele Menschen Kraft und Zeit einsetzen. Und das haben sie, liebe Mitglieder, auch in den letzten Monaten wieder mit großem Erfolg getan. Mit Freude haben die Vorstandsmitglieder - ich denke stellvertretend für das Gremium - vom Herrn Bischof einen schriftlichen Dank und die besten Wünsche für die wertvolle Arbeit entgegen nehmen dürfen.

Anmerkung

1 Der Zentralpräses der Marianischen Männer Congregation, Heinrich Wachter, hat schon vor meiner Amtszeit als Vorsitzender des Diözesanrats gegen das Gremium polemisiert.

In der Donau-Post vom 14.10.2002 ist zu lesen: *„Der Zentralpräses hofft, mit anderen MMC-Mitgliedern eine Fraktion gegen diejenigen mobilisieren zu können, die gegen Rom und den Papst eingestellt sind."*

Im Regensburger Bistumsblatt vom 25. Mai 2003 heißt es: *„Wachter betonte, er selbst habe schon immer den Geist des Diözesanrates kritisiert. Der neue Bischof habe nun klargestellt, dass der von einigen angestrebte Einfluss der Laien so nicht akzeptiert werden könnte."*

Einführungsansprache
bei der Begegnung von Bischof Dr. Gerhard Ludwig Müller mit Mitgliedern des Diözesanrats und deren Angehörigen zum „Jahr der Eucharistie" am Samstag, 22. Januar 2005 im Bildungshaus „Schloß Spindlhof"

Sehr geehrter Herr Bischof, sehr geehrte Damen und Herren, liebe Freunde!

Ich bin froh und dankbar, dass unserer relativ kurzfristigen Planung und Einladung so viele gefolgt sind. Ich darf sie alle sehr herzlich begrüßen zu einem Nachmittag der Begegnung, der Erbauung und des Gebets. Es freut mich, dass erstmals Familienangehörige und auch Kinder in unserem Kreis sind und so einen kleinen Eindruck davon bekommen, wer wir sind und was wir tun.

Und ich freue mich, dass unser Herr Bischof spontan zugesagt hat, sich anlässlich des „Jahres der Eucharistie" mit den Mitgliedern des Diözesanrates zu treffen. Ihnen, verehrter Herr Bischof, gilt ein besonderer Gruß in unserer Mitte. Ebenso dem bischöflichen Kaplan Martin Priller, mit dem wir in sehr freundlichen Kontakten die Vorbereitungen für die nächsten Stunden getroffen haben. Auch das Bildungshaus, mit Direktor Dr. Bonk, Kirchenrektor Prof. Dr. Baumgartner und Frau Hartl, ist uns bei der Vorbereitung sehr entgegengekommen und dafür danken wir sehr.

Unser Bischof ist erst Anfang dieser Woche von der Pastoralreise in die nördliche Diözese zurückgekommen. Ich war am Dienstagabend sehr beeindruckt von den tiefen Spuren, welche die Reiseeindrücke bei unserem Oberhirten hinterlassen haben, und wie ihm die schwierige Arbeitsplatzsituation und die damit verbundenen Sorgen der Menschen zu Herzen gegangen sind. Die Solidarität, die sie mit ihrer Präsenz gerade auch in diesem Bereich zeigen, ist wichtig und wertvoll für unsere Kirche!

Heute steht die Eucharistie im Mittelpunkt unseres besonderen Interesses. Es handelt sich um ein ebenso schwieriges wie wichtiges Thema. Es betrifft das Zentrum und das Geheimnis unseres Glaubens - des Glaubens, der auf Vertrauen beruht. Und selbst für Menschen mit einem schier unerschütterlichen Vertrauen ist es manchmal gar nicht so einfach, den tiefen Glauben zu haben, dass in der Eucharistie in Brot und Wein Christus jederzeit präsent ist. Diesen tiefen Glauben stärker einzupflanzen, ihm die Wurzeln zu geben, die alle Stürme aushalten, welche auf die Kirche und auf uns Menschen, auf die Baumkrone, zukommen, das ist wohl ein Grund für das „Jahr der Eucharistie".

Das apostolische Schreiben zum Jahr der Eucharistie „Mane nobiscum domine" von Papst Johannes Paul II. beschreibt sehr ausführlich das Anliegen. Jetzt liegt es an den Hirten, dies in die verständliche Sprache zu kleiden, mit der die Menschen erreicht werden. Solche Menschen, die in ihrer ohnehin engen Bindung an die Kirche Bestärkung erfahren sollen. Solche Menschen, die skeptisch geworden sind und sich entfernt haben, aber keineswegs jeden religiösen Kontakt oder jede religiöse Bindung ablehnen. Gerade solche Menschen wünschen sich „als moderne Menschen eine moderne Religion", wie erst jüngst in der Zeitschrift „Christ in der Gegenwart" als Unterüberschrift zu lesen war. Diese - in der Zeitschrift „modern" genannte - Religion ist nicht etwa der fanatische Sektenglaube oder eine „New Age"-Angelegenheit. Diese „moderne Religion" bezieht sich auf Jesus Christus, will aber den Menschen so annehmen, wie er ist und geworden ist, eben so, wie er auch heute ist.

Dieser moderne Mensch macht mehr mit dem Kopf und mit dem Verstand. „Er will nicht ohne und gegen den Verstand glauben, sondern mit ihm. Er will die Welt sich nicht selbst überlassen, sondern offensiv Sein und Zeit entwickeln, verändern, gestalten - innovativ durch Wirtschaft, Wissenschaft, Technik und Kunst teilhaben am Gang der Dinge und der Evolution", war da, nach meiner Einschätzung zu Recht, zu lesen.

Denn der moderne Mensch, der sich religiös nicht aufgegeben hat, der möchte wirkungsvoll sein, leistungsbereit, aktiv, alles andere jedenfalls als passiv. Er, der moderne Mensch, steht mitten im Leben und möchte - wenn schon religiös - dann richtig, bewusst und selbstbewusst religiös mitten im Leben stehen. Dieser Mensch freilich ist nicht der einfach zu handhabende und alles prüfungs- und bedenkenlos hinnehmende. Er möchte glauben an die Tiefe des Religiösen und sich den Hirten und Lehrern anvertrauen. Er möchte aber mitreden und mitgestalten bei der äußeren Ausgestaltung des religiösen Lebens. Er geht mit, wenn ihm erläutert, begründet und das Bewusstsein gegeben wird, dass er ernst genommen wird.

Diesen modernen Menschen (wieder) zu erreichen, das ist vielleicht die schwierigste Aufgabe der Hirten und auch all derer, die sich mühen um das Wohl der Kirche. Denn noch zu viele haben den Eindruck, dass in allen Fragen die Hierarchie allein das Sagen habe und die vom II. Vatikanischen Konzil gewünschte Teilhabe des Volkes Gottes eher im Hintergrund steht.

Bei der Beschreibung der Eucharistie wollte das II. Vatikanische Konzil nicht das wiederholen, was im Konzil von Trient dargelegt worden war. Es wollte „nur begründen, was ... über die Erneuerung der Messliturgie im Interesse einer größeren Beteiligung und eines größeren Nutzens für die Gläubigen bestimmt wird.", so Bischof Viana aus Mallorca, der als Relator der Liturgiekommission tätig war. Um die Teilnahme der Gläubigen an der Eucharistiefeier zu stärken, wurde z. B. der Gebrauch der Volkssprache eingeführt. Daneben wurde auch mehrfach klargestellt, dass die Gläubigen nicht nur Zuschauer sind, sondern dass sie gemeinsam mit dem Priester das Opfer darbringen.

Die dogmatische Konstitution LUMEN GENTIUM greift in Nr. 10 diesen Gedanken auch auf, wenn da steht: „Der Amtspriester ... vollzieht in der Person Christi das eucharistische Opfer und bringt es im Namen des ganzen Volkes Gottes dar; die Gläubigen hingegen wirken kraft ihres königlichen Priestertums an der eucharistischen Darbringung mit." Nicht zuletzt deshalb wird das Hochgebet im Plural gebetet: „Darum feiern wir das Gedächtnis des Todes und der Auferstehung deines Sohnes ..." und im Anschluss an die Darbringung betet der Priester - stellvertretend für uns alle - „Wir danken dir, dass du uns berufen hast, vor dir zu stehen und dir zu dienen." Priester und Gläubige sind in der „Eucharistie als Gemeinschaft" verbunden.

Dieses Bewusstsein halte ich für sehr wichtig. Denn es hilft uns sicher nichts, wenn die einen den anderen vorhalten, sie würden ein „seichtes" Christentum mit einer oberflächlichen Sprache anpreisen. Und es hilft nichts, wenn andererseits bemängelt wird, dass alles in der mit vielen Fremdwörtern gespickten wissenschaftlichen Sprache vorgetragen wird, die ohnehin niemand versteht oder verstehen will. Oder dass Leuten attestiert wird, sie würden halt einfach nicht verstehen wollen. Verehrter Herr Bischof, die Aufgabe ist auch in diesem Punkt nicht leicht für sie.

Wir als Diözesanrat haben den Auftrag, die apostolische Tätigkeit zu fördern. Das tun wir gerne und mit großem Engagement. Sie kennen meine Einschätzung, dass dies nicht damit getan ist, dass wir Weisungen empfangen und Informationen „mit Verständnis" akzeptieren. Es ist wichtig, dass wir als gläubiges Volk Gottes ernst genommen, gehört und akzeptiert werden. Der Dialog ist das Entscheidende. Nicht umsonst hebt das der Heilige Vater erneut auch in „Mane nobiscum domine“ – in dem apostolischen Schreiben zum Jahr der Eucharistie – hervor, wenn er schreibt: „Die ‚Kultur der Eucharistie‘ fördert eine Kultur des Dialogs, die in ihr Kraft und Nahrung findet.“ Wir sind uns unserer Aufgabe bewusst und unterstützen den Heiligen Vater z. B. voll und ganz in dem Bemühen, den Sonntag, als den Tag des Herrn zu schützen, zu erhalten und als den wichtigsten Tag der Eucharistie noch zu stärken. „Es ist mein besonderer Wunsch, dass in diesem Jahr ein spezieller Einsatz unternommen werde, um den Sonntag als den Tag des Herrn und Tag der Kirche neu zu entdecken und voll zu begehen.“, schreibt Papst Johannes Paul II. in „Mane nobiscum domine“.

Wir als Diözesanrat haben uns wiederholt, zuletzt im September 2004, auch öffentlich dafür stark gemacht, dass der Sonntag der Tag des Herrn als der „Ur-Feiertag“ bleibt und nicht mit einer Novellierung der Ladenschlusszeiten schließlich doch dem Kommerz zum Opfer fällt. Gestatten sie dazu eine Randbemerkung: Manche Tageszeitung hat darüber berichtet, die Katholische Sonntags*Zeitung* in unserer Diözese aber leider nicht.

Die Eucharistie als die integrative Kraft, als glückselige Gnade nicht „begreiflich“, aber noch mehr „vertraut“ zu machen, sie nicht verstehen zu müssen, aber in ihr noch deutlicher die wesentliche Kraft und Stärke sowie Ermutigung für unser Leben und unser Zusammenleben zu sehen, das wünschen wir uns heute von ihnen.

Verehrte Damen und Herren, und sie alle bitten wir, dass sie mithelfen, die Sinne für die Eucharistie zu begeistern, diese Begeisterung weiter zu tragen in die Pfarreien, Dekanate und Verbände - denn sie betrifft uns alle. Es folgt jetzt das Referat des Herrn Bischofs, anschließend feiern wir Eucharistie in der wunderschönen neuen Schloß-Kirche St. Albertus Magnus, schließlich wird uns Prof. Baumgartner die Kirche erklären und wir schließen mit einem gemeinsamen Mahl. Gerade die Bedeutung des Gastmahls und der Tischgemeinschaft hat unser Heiliger Vater in „Mane nobiscum Domine" hervorgehoben, wenn er schreibt: „Nehmt und esst ... Dann nahm er den Kelch ... und reichte ihn den Jüngern mit den Worten: Trinkt alle daraus". Dieser Aspekt drückt die Gemeinschaftsbeziehung gut aus, die Gott mit uns aufnehmen will und die wir selbst untereinander entfalten müssen", so unser Papst.

Persönlicher Brief

vom 13. Februar 2005 an Bischof Dr. Gerhard Ludwig Müller *(Geschrieben im Anschluss an eine Begegnung im tschechischen Pilsen tags zuvor, und im Anschluss an die sehr kurzfristig am 8. Dezember 2004 verfügte Streichung der auf Kinder bezogenen Zuschüsse 2005 von 40.000 Euro für Familienbildungsmaßnahmen von Pfarreien und Verbänden der Diözese).*

Sehr geehrter Herr Bischof, bitte entschuldigen Sie, dass ich Ihnen diesen Brief zur Frühjahrsvollversammlung der deutschen Bischöfe nach Stapelfeld sende. Was mich persönlich sehr bewegt, das muss ich jetzt gleich loswerden, denn es quält mich und es bedeutet eine Last für mich.

Gestern haben knapp 100 Menschen in Pilsen einen wunderbaren Tag erleben dürfen. Wir haben Sie – unseren Bischof – sehr gelöst erleben dürfen. Wir – der Bischof und Fritz Wallner – sind uns sehr freundlich begegnet. So freundlich, wie ich das seit einigen Monaten spüre. Umso mehr bedrücken mich Hinweise, dass Sie verärgert seien über mich, weil ich Sie wieder in ein schlechtes Licht rücken wolle, z. B. bei der leidigen Sache, dass es für 2005 kein Geld für Bildungsmaßnahmen von Familien mit Kindern aus diözesanen Mitteln geben soll.

Verehrter Herr Bischof, es war nie und ist auch jetzt nicht meine Absicht, Sie in ein schiefes Licht zu rücken. So etwas zu vermuten oder zu äußern entbehrt jeder Grundlage und ist im Grunde böswillig. Ich hoffe aufgrund unserer Begegnungen sehr, dass Sie spüren wie ich zu Ihnen stehe. Ich hoffe sehr, dass man Ihnen berichtet hat, wie positiv ich unsere persönlichen Kontakte, unser Verstehen und unsere Zusammenarbeit bei den Dekanatsratsbesuchen herausstelle.

Mich ärgert und kränkt auch, dass mir unterschwellig Unehrlichkeit unterstellt wird. Verehrter Herr Bischof, ich habe es nicht nötig unehrlich zu sein. Noch bin ich in der Lage das zu vertreten was ich gesagt oder getan habe. „Wer Mut zeigt macht Mut.“, sagt dazu Adolph Kolping. Nur die Feiglinge winden sich herum und stehen nicht zu dem was sie veranlasst oder verursacht haben. Nur die Feiglinge kommen hinterher und erklären, sie hätten dieses und jenes nicht so gemeint und ja eigentlich gar nicht mitgestimmt, jedenfalls seien sie nicht richtig gefragt worden. Dabei haben sie es vorgezogen lieber nicht den Mund aufzumachen, um nicht in einem schlechten Licht zu erscheinen. Das alles ist nicht meine Art.

„Wieder“ in der obigen Vorhaltung, ich würde Sie in ein schlechtes Licht rücken wollen, würde heißen, dass immer noch mein Brief vom Karfreitag 2003 nach Rom *(Anmerkung: Anhang 1 in diesem Buch)* zwischen uns stehen würde. Über dieses Thema haben wir mindestens dreimal persönlich gesprochen. Sicher, es wäre wahrscheinlich für unsere Zusammenarbeit besser, wenn es diesen Brief nicht geben würde. Dass er Sie schmerzt tut mir Leid. Ich wünschte, Sie könnten auch in dieser Angelegenheit akzeptieren, dass unser Blick nicht immer zurück gerichtet werden darf, sondern in die Zukunft gerichtet werden muss. So habe ich Sie gestern auch in der Predigt verstanden. Ich würde in diesem Punkt gerne zur Versöhnung kommen und ich bitte Sie um diese Versöhnung. Ich würde darin auch gerne all diejenigen Verletzungen einbeziehen, die mir zugefügt worden sind. Geht das?

„Begegnung schafft Vertrauen“, hieß das Thema der gestrigen Veranstaltung in Pilsen. Ich wünsche mir sehr, dass aufgrund unserer bisherigen Begegnungen Ihr Vertrauen zu mir gewachsen ist und mit weiteren Begegnungen noch weiter wachsen wird. Auch wenn dieses Vertrauen vielleicht noch nicht zur vollen Größe gelangt ist, so können Sie doch wenigstens sicher sein, dass kein Grund zum Misstrauen besteht.

Verehrter Herr Bischof, immer wieder amüsiert es mich wenn jemand behauptet, ich würde Leitungsaufgaben[1] übernehmen wollen. Das ist so abwegig und von unserer kirchlichen Verfassung her so daneben, dass es eigentlich nicht lohnt, auch nur ein Wort darüber zu verlieren. Ich habe Ihnen gesagt, dass ich positiven Einfluss gewinnen möchte. Dazu stehe ich und das halte ich auch für einen wichtigen Auftrag unseres Diözesanrates und seines Vorsitzenden. Nämlich, Sie aus unserer Erfahrung und Kenntnis heraus zu beraten und dabei mitzuhelfen, dass Sie zu guten Entscheidungen kommen. Und diese Beratung sollte im Dialog erfolgen. Das ist nach meiner Kenntnis eine Intention des Konzils. Freilich schaue ich da manchmal schon etwas neidvoll auf andere Diözesen, bei denen der Rat der Laien nicht nur gefragt, sondern auch respektiert und ernst genommen wird. Regelmäßige Vorstandstreffen mit ihrem Bischof und die Besprechung von Sachthemen sind eine Selbstverständlichkeit. Wer würde sich nicht so etwas auch bei uns wünschen?

Ich habe leider in den letzten Tagen wieder einige Absagen auf unsere Initiativen hin zur Kenntnis nehmen müssen: Der Bischof kommt nicht zur Vollversammlung des Diözesanrats, zum 40. Jahrestag des Konzilsendes macht die Diözese (alleine) etwas, ZdK-Präsident Meyer sollen wir nicht einladen, in die Förderung von Maßnahmen für Familien mit Kindern sollen wir uns nicht einmischen. Weiter scheint unsere Initiative für die Förderung des Tischgebets verschollen zu sein oder sie interessiert nicht. Die bevorstehende Klausurtagung wird immer noch eher negativ gesehen. Und wenn ich nachfrage, kommt das alles vom Bischof. Innerlich zweifle ich manchmal daran.

Lieber Herr Bischof, dies ist ein sehr persönlicher Brief, der nicht des Dienstweges[2] bedarf. Ich hoffe und wünsche sehr, und ich bitte Sie herzlich darum, dass Sie mir persönlich und dem Diözesanrat in Zukunft mehr vertrauen und mehr zutrauen und uns alle wirklich als Ihre Freunde begreifen. Ich kann Ihnen versichern, dass Sie bei unserem Zusammentreffen am 22. Januar in Schloß Spindlhof auch die Herzen derjenigen Diözesanratsmitglieder gewonnen haben, die bis dorthin noch skeptisch waren. Mehrere Mitglieder haben mir das telefonisch versichert. Und die überaus gute Stimmung wird Ihnen das gezeigt haben. Das ist doch eine wunderbare Basis für die Zukunft.

Es mag jetzt wieder jemand die von mir gewählte Form des Briefes an Sie in Stapelfeld als Provokation empfinden oder als ungebührlich ansehen. Das ist er nicht und das will er nicht sein. Sie, so hoffe ich, erkennen meine beste Absicht. Darauf setze ich jedenfalls sehr großes Vertrauen. Und ich bin sicher, dass wir uns auch weiterhin bei manchen Gelegenheiten und im persönlichen Gespräch bei Ihnen freundlich begegnen werden.

(Leider blieb dieser Brief ohne Antwort.)

Anmerkungen

[1] Gemeint sind hier dem Bischof zustehende Leitungsaufgaben.

[2] Generalvikar Dr. Wilhelm Gegenfurtner hatte mir die Einhaltung des Dienstweges dergestalt verordnet, dass alle Angelegenheiten, die ich mit dem Bischof besprechen wollte, zuerst über ihn zu laufen hatten. Diese Anordnung lehnte ich ab, weil ich gewählt war und nicht in einem irgendwie gearteten abhängigen „Dienstverhältnis“ zum Generalvikar stand.

Eröffnung, Begrüßung

bei der Klausurtagung des Diözesanrates der Katholiken im Bistum Regensburg, 11. bis 13. März 2005 im Kolping-Ferienhotel Lambach

Sehr geehrte Damen und Herren, liebe Freunde, mit großer Freude darf ich sie am Freitagabend, den 11. März 2005 in der Kolping-Ferienstätte Lambach zu einer außergewöhnlichen Vollversammlung begrüßen. Ich freue mich, dass sich so viele Zeit nehmen konnten und ich bin - als Optimist - sicher, dass sie keine Minute bis Sonntagmittag bereuen werden. Um der Form zu genügen, muss ich sie fragen, ob sie mit der Tagesordnung einverstanden sind.

Sie wissen, dass mir diese Tage sehr am Herzen lagen und liegen, weil ich mir davon wichtige Impulse für unsere Arbeit und ein Zusammenrücken des Diözesanrats insgesamt erhoffe. Es geht einerseits um unsere pastorale „Mit-Verantwortung", nicht in dem Sinne, dass wir Leitung übernehmen wollen, nein, in dem Sinne, der uns vom II. Vatikanischen Konzil vorgegeben ist. Es gilt das einzubringen, was wir aus unserer Erfahrung heraus einbringen können – zum Wohl der Kirche, zur Stärkung des Glaubens. Und es geht andererseits um unsere Aufgabe, die Stimme der katholischen Laien in der Gesellschaft zu sein. Und zwar mit konstruktiven Vorschlägen und mit konstruktiver Kritik gleichermaßen. Es geht darum, dass wir immer einen Blick darauf werfen, inwieweit die christlichen Werte beim politischen Handeln und beim Agieren der Gesellschaft zur Geltung kommen.

Wir werden bei dieser Klausurtagung versuchen unser eigenes Profil zu erarbeiten: wer wir sind, was wir wollen, was wir anbieten. Wir werden versuchen herauszufinden und herauszufiltern oder uns bewusst zu machen, welches die pastoralen sowie die gesellschaftlichen und die politischen Felder sind, auf denen wir uns vorzugsweise einbringen können.

Vieles ist grundgelegt, manches zu wenig wertgeschätzt, einiges zu sehr im Verborgenen: Wir filtern heraus, was für uns wichtig und für die Kirche not-wendig (also eine Not wendend) und was im Sinne unserer Arbeit nachhaltig ist. Dabei werden wir uns unserer Grenzen klar: der Kompetenzgrenzen und der Zeitgrenzen als Ehrenamtliche in der Kirche. Wir werden uns über unsere Situation und unseren Auftrag klar – und das in einer Atmosphäre gegenseitiger Achtung und gegenseitigen Respekts. Wir schaffen das in einem Umfeld, das uns die Kreativität ermöglicht, das uns gegenseitige Inspiration zulässt, das uns Freiräume gewährt und Richtungen weist. Wir sind hier nicht zum Streiten da, werden aber Meinungsverschiedenheiten nicht ausweichen oder sie gar ausklammern. Wir werden uns dabei in einer vertrauensvollen Gemeinschaft bewegen, in der es keine Angst gibt, keine Scheu voreinander, in der jeder das sagen darf und kann, was er auf dem Herzen hat, in der niemand ausgegrenzt oder besonders bevorzugt wird.

Ich wünsche sehr und bitte sie darum, dass wir größtmögliche Offenheit pflegen. Diese Offenheit hat ihre Grenze nur dort, wo die Verletzung des anderen beginnt. Diese Grenze auszuloten sollte uns als Christen besonders auszeichnen. Gerade da werden wir oftmals schwach – und da nehme ich mich ausdrücklich nicht aus. Bei all dem was wir tun, wissen wir uns in großer Einheit mit unserem Bischof, dem wir unseren Rat anbieten und mit unseren Aktivitäten stützen möchten, auch ganz im Sinne des II. Vatikanums.

Wir werden hart arbeiten, das geht schon aus dem vorgeschlagenen Zeitplan hervor. Und wir werden Zeiten der Ruhe und der Freude – auch und besonders im Bierstüberl – haben. Wir sind „Freunde in Gottes Namen“, das ist nach wie vor meine Überzeugung, und zwar solche, die nicht eifersüchtig gegeneinander sein müssen oder die Rangordnungen einhalten müssen. Wir sind über 60 und alle sind gleich.

Ich habe ihnen am 24. November 2003 im Anschluss an die Wahl des Vorsitzenden zugesagt, dass ich der erste Diener des Diözesanrates sein möchte. Das kommt jetzt sehr deutlich zum Ausdruck, wenn ich die Leitung der Vollversammlung, die Moderation, in die Hände von zwei sehr charmanten Damen lege, und die ich jetzt ganz besonders begrüßten darf, nämlich Frau Dr. Benedikta Gräfin Deym-Sonden und Frau Karin Stanggassinger. Diese beiden Damen werden uns methodisch durch die Tage und Stunden führen. Sie werden unterstützt von Herrn Markus Thies sowie von Bärbel und Max Höglmeier, meinen Freunden aus Schierling, die sich bereit erklärt haben, als „gute Geister“ mit uns die Tage zu verbringen. Jetzt bitte ich Herrn Prälat Grabmeier um einen kurzen geistlichen Impuls.

Brief
vom 26. April 2005 an Bischof Dr. Gerhard Ludwig Müller im Anschluss an die überraschend im Amtsblatt der Diözese Regensburg bekannt gegebene Änderung der Satzung für die Pfarrgemeinderäte

Sehr geehrter Herr Bischof, von der im Amtsblatt Nr. 5 vom 11. April 2005 abgedruckten Anordnung vom 12. April 2005 habe ich während meines Urlaubs Kenntnis erlangt. Die Anordnung hat mich sehr überrascht, insbesondere deshalb, weil Sie dem Vorstand des Diözesanrats gegenüber beim Gespräch am 5. April den Eindruck erweckt haben, als hätten Sie unsere Gedanken und unser Rat zu diesem Thema nachdenklich gemacht. Wir konnten nicht ahnen, dass Sie möglicherweise die Anordnung bereits formuliert und deren Veröffentlichung zu diesem Zeitpunkt schon veranlasst hatten.

Ich bitte Sie, den genannten Termin (1. Mai 2005) für das Inkrafttreten der Anordnung auszusetzen und ich begründe dies damit, dass die Satzung für die Pfarrgemeinderäte in Art. XIV Abs. (1) vorsieht: „Änderungen der Satzung für die Pfarrgemeinderäte in der Diözese Regensburg werden mit Zwei-Drittel-Mehrheit der anwesenden Mitglieder des Diözesanrates der Katholiken im Bistum Regensburg beschlossen. Sie bedürfen der Zustimmung des Diözesanbischofs und werden von ihm in Kraft gesetzt."

Mit dieser Bestimmung kommt zum Ausdruck, dass Satzungsänderungen - wer diese auch immer anstößt - zuerst in einem intensiven und vertrauensvollen Dialog innerhalb des Diözesanrates und auch mit dem Bischof, der eine Satzungsänderung dann in Kraft setzt, beraten werden.

Rechtsnormen, auch solche innerhalb der Kirche, leben davon, dass sie beachtet werden, sofern nicht ein unvorhersehbares oder unabweisbares Ereignis in einer Notsituation eine Abweichung davon akut notwendig machen würde. Eine solche akute Notwendigkeit wurde weder beim Gespräch mit dem Vorstand des Diözesanrats angedeutet, noch ist eine solche akute Not erkennbar. Auf die Einhaltung der Rechtsnormen müssen sich die Normsetzer ebenso verlassen können wie die Adressaten. Diese Einsicht gilt für die kirchliche Rechtsordnung in gleicher Weise wie für die staatliche, bei der sie dem Rechtsstaatsprinzip entspringt. Ist die Verlässlichkeit nicht gewährleistet, schwindet zwangsläufig das Vertrauen in die Normsetzung, was die Beziehung zwischen Normsetzer und Adressaten erheblich belasten kann.

Die Gremien des Diözesanrates hatten in der kurzen Zeit zwischen Veröffentlichung der Anordnung und der Inkraftsetzung überhaupt keine Gelegenheit zur Befassung. Gerade in solchen Angelegenheiten sollte auch von Ihnen in Betracht gezogen werden, dass wir fast ausnahmslos ehrenamtlich in der Kirche tätig sind und nicht berufsmäßig zu jeder Stunde und Minute - bei noch so gutem Willen - auf kurzfristige und überraschende Entwicklungen reagieren können. Ich werde den Vorstand des Diözesanrates am Montag, 2. Mai im Rahmen der nächsten Sitzung über meinen Antrag unterrichten und in die Beratung einsteigen.

Für das künftige Verfahren bitte ich sehr darum, dass Sie den „Gläubigen in den Angelegenheiten der Kirche den ihnen gebührenden Anteil belassen und deren Pflicht und Recht anerkennen, aktiv am Aufbau des mystischen Leibes mitzuwirken“. In diesem Sinne bitte ich, dass wir in einem vertrauensvollen Dialog Ihre Beweggründe für die eingeleitete Anordnung intensiv erörtern.

Diesen Brief sende ich Ihnen vorab per E-Mail am Dienstag, 26. April 2005 um 22.55 Uhr, um die Fristwahrung zu gewährleisten. Das Original des Briefes erhalten Sie schnellstmöglich mit der Post. Einen Abdruck dieses Briefes erhalten die Vorstandsmitglieder des Diözesanrates ebenfalls per E-Mail.

(Dieser Antrag auf Aussetzung des Inkrafttretens wurde von Generalvikar Dr. Gegenfurtner barsch abgelehnt. Meine Bitte um ein Gespräch mit dem Bischof zur Beratung und Entschärfung der Situation wurde ignoriert. Daraufhin hat sich der Hauptausschuss mit der Sache beschäftigt. Ich habe eine umfangreiche Erklärung abgegeben. Der Beschluss des Hauptausschusses wurde den Mitgliedern mit dem folgenden Schreiben zur Kenntnis gegeben.)

Auszüge aus dem Brief
vom 13. Mai 2005 an die Mitglieder des Diözesanrats der Katholiken im Bistum Regensburg im Anschluss an die Sitzung des Hauptausschusses vom 11. Mai 2005

Sehr geehrte Damen und Herren, liebe Freunde! Seit unserem letzten Treffen bei der Vollversammlung als Klausurtagung in Lambach ist Papst Johannes Paul II. verstorben und mit Papst Benedikt XVI. ein neues Oberhaupt unserer Kirche gewählt worden. Zum Tod von Johannes Paul II. habe ich unserem Bischof ein Kondolenzschreiben übermittelt.

Über die Wahl des neuen Papstes haben wir uns sehr gefreut, nicht zuletzt deshalb, weil er ein Landsmann von uns ist. Ich habe dem neuen Heiligen Vater die Glückwünsche des Diözesanrates übermittelt und außerdem konnte ich am Petersplatz in Rom unter den vielen hunderttausend Gläubigen die Amtseinführung mitfeiern. Dies war ein sehr erhebendes Erlebnis. Ich darf Ihnen vor Pfingsten noch wichtige Informationen geben.

...

2. Änderung der Satzung für Pfarrgemeinderäte

Bischof Dr. Gerhard Ludwig Müller hat mit einer im Amtsblatt vom 11. April 2005 veröffentlichten Anordnung die Satzung und die Wahlordnung für die Pfarrgemeinderäte geändert. Eine Kopie dieser Anordnung finden Sie auf der letzten Seite dieses Briefes. Leider ist dies ohne die in der Satzung vorgeschriebene Beteiligung des Diözesanrates geschehen. Die Pfarrgemeinderatssatzung sieht in Art. XIV Abs. (1) vor: „Änderungen der Satzung für die Pfarrgemeinderäte in der Diözese Regensburg werden mit Zwei-Drittel-Mehrheit der anwesenden Mitglieder des Diözesanrates der Katholiken im

Bistum Regensburg beschlossen. Sie bedürfen der Zustimmung des Diözesanbischofs und werden von ihm in Kraft gesetzt."

Generalvikar Dr. Wilhelm Gegenfurtner hat auf unsere Intervention hin erklärt, dass sich diese Satzungsbestimmung nicht auf den Bischof beziehen würde. Wir haben daran Zweifel, denn dies würde eine Rechtsauslegung gegen den Wortlaut bedeuten, die nicht zulässig ist. In Can. 17 des kirchlichen Gesetzbuches CIC heißt es: „Kirchliche Gesetze sind zu verstehen gemäß der im Text und im Kontext wohl erwogenen eigenen Wortbedeutung; wenn sie zweifelhaft und dunkel bleibt, ist zurückzugreifen auf Parallelstellen, wenn es solche gibt, auf Zweck und Umstände des Gesetzes und auf die Absicht des Gesetzgebers." Außerdem heißt es im Dekret über die Hirtenaufgabe der Bischöfe „Christus Dominus" in Nr. 16,5: „Bei der Wahrnehmung ihrer Hirtensorge mögen sie ihren Gläubigen in den Angelegenheiten der Kirche den ihnen gebührenden Anteil belassen und deren Pflicht und Recht anerkennen, aktiv am Aufbau des mystischen Leibes mitzuwirken".

Mein Antrag auf Aussetzung des Inkrafttretens der Anordnung zum 01. Mai 2005 wurde abgelehnt. Ich hatte den Antrag vorwiegend damit begründet, dass Rechtsnormen – auch solche innerhalb der Kirche – davon leben, dass sie beachtet werden, sofern nicht ein unvorhersehbares oder unabweisbares Ereignis in einer Notsituation eine Abweichung davon akut notwendig machen würden. Eine solche akute Notwendigkeit wurde weder beim Gespräch mit dem Vorstand des Diözesanrats angedeutet noch war eine solche akute Not erkennbar. Auf die Einhaltung der Rechtsnormen müssen sich nach meiner Ansicht die Normsetzer ebenso verlassen können wie die Adressaten. Diese Einsicht gilt für die kirchliche Rechtsordnung in gleicher Weise wie für die staatliche. Ist die

Verlässlichkeit nicht gewährleistet, schwindet zwangsläufig das Vertrauen in die Normsetzung.

Ich halte das für diese Satzungsänderung gewählte Verfahren für eine so wichtige Angelegenheit, dass ich Sie entsprechend unserer Vereinbarung bei der Vollversammlung vom 11. Oktober 2003 unverzüglich darüber informieren möchte. Ich möchte Sie auch nicht in Unkenntnis darüber lassen, dass es in dieser Frage zwischen dem Diözesanrat und der Bistumsleitung einen Dissens gibt, der sich sowohl auf die gewählte Form wie auch auf den menschlichen Umgang bezieht. Denn nur wenige Tage vor der Veröffentlichung der Anordnung im Amtsblatt hatte Bischof Dr. Gerhard Ludwig Müller den Vorstand des Diözesanrats zum Gespräch empfangen, das von den Teilnehmern als sehr positiv und angenehm empfunden wurde. Erst später wurde klar, dass der Bischof bereits zu diesem Zeitpunkt die Veröffentlichung der Anordnung veranlasst hatte. Leider hat uns dies der Bischof nicht gesagt, worüber wir jetzt sehr verwundert sind. Wir haben beim Gespräch – unserem Auftrag entsprechend – versucht, den Herrn Bischof qualifiziert zu beraten und ihm dabei wegen der offensichtlich geringen Zahl von „Fällen“ von einer generellen Regelung abgeraten, die in der Öffentlichkeit und bei den vielen engagierten Frauen, Männern und jungen Leuten in der Diözese zu Irritationen führen würde. Wir haben dabei den Eindruck gewonnen, dass den Herrn Bischof unser Rat nachdenklich gemacht hat.

Es handelt sich bei der Anordnung ohne Beteiligung des Diözesanrates um ein erstmals in einer der 27 deutschen Diözesen gewähltes Verfahren. Das Interesse ist deshalb groß und es gibt eine Reihe von Anfragen. Der Hauptausschuss hat die Situation am 11. Mai beraten und kam dabei zu der Auffassung, dass der Diözesanrat nicht in der Lage ist, die rechtliche Seite abschließend zu klären. Wir nehmen die getroffene

Anordnung hin und wünschen uns aber gleichzeitig, dass in Zukunft wieder auf Verfahren zurückgegriffen wird, die der Satzung und dem Respekt den Gremien gegenüber entsprechen. Mit dieser Haltung rütteln wir in keiner Weise an der Autorität des Bischofs oder des Bischofsamtes! Wir werden uns auch weiterhin engagiert für unsere Kirche und für die Verwirklichung der christlichen Werte in der Gesellschaft einsetzen.

Nicht zuletzt deshalb, weil der Herr Generalvikar die Erwartung des Bischofs ausgedrückt hat, dass alle diözesanen Gremien sich an der Mitarbeit bei der Neuevangelisierung sowie für die öffentliche Unterstützung in den Themen Familie, kirchliche Schulen, caritative Einrichtungen, Kindergärten u. ä. beteiligen sollen, habe ich dem Hauptausschuss in einer Erklärung die wesentlichen Aktivitäten des Diözesanrates zusammengestellt. Gerne füge ich diese Liste auch Ihnen jetzt wörtlich an.

Ich habe erklärt: „Der Diözesanrat hat in den achtzehn Monaten meiner Amtszeit als Vorsitzender eine Vielzahl von Initiativen ergriffen und Anregungen gegeben, die der Neuevangelisierung dienen und die bewusstseinsbildend ***in die Öffentlichkeit hinein*** gewirkt haben. Ich darf einiges aufzählen: Protest gegen die Streichung der 3. Religionsstunde in der 3. und 4. Klasse der Grundschule, Forderung eines familiengerechten Steuersystems bei der Einkommensteuer, Protest gegen weitere Klonexperimente und die Freigabe des Klonens im Sinne des Lebensschutzes von Anfang an, Abwicklung einer gemeinsamen Unterschriftenaktion für die Aufnahme des Gottesbezugs in den Europäischen Verfassungsvertrag (über 50.000 Unterschriften), Unterschriftenaktion gegen die Spätabtreibung (über 20.000 Unterschriften), Einsatz für den Erhalt der Schulwegkostenfreiheit im Sinne der Familien, Einsatz für den Erhalt des Sonntags und gegen die Ausweitung der Ladenöffnungszeiten auf den Sonntag, Protest gegen die Einbeziehung der Kippenberger-Darstellung „Frosch am Kreuz“ im Rahmen der Bewerbung Regensburgs als Europas Kulturhauptstadt, Anregung, dass sich die Stadt Regensburg zur „Kulturhauptstadt des Lebens“ erklären soll, und zwar unabhängig vom offiziellen Verfahren, Erklärung zu der von Bundespräsident Köhler angestoßenen stärkeren Förderung der Familien mit Kindern, Mitarbeit bei der Vorbereitung und Abwicklung des Partnerschaftstreffens zwischen den Diözesen Regensburg und Pilsen, Einsatz für eine Umstellung der Förderung der Kindertagesstätten durch den Freistaat Bayern nach Gesichtspunkten, die das flache Land nicht benachteiligen, Erklärung zur Tatsache, dass kirchliche Einrichtungen „liebevolle Obhut“ für Kinder bieten und mit ihren Bildungseinrichtungen einen wichtigen Anteil an der Bildung der Kinder haben, Lebendig werden lassen der Kirche und speziell des Diözesanrates bei der DONA 2004 in Regensburg, Mitwirkung beim Katholikentag in Ulm, nicht zuletzt auch mit dem Ziel, dass die Gläubigen der Diözese Regensburg bei einem solchen Großereignis ihre Heimat in einem positiven Licht sehen, Aktivitäten der Sachausschüsse mit vielfältigen Themen.

Innerkirchlich haben wir und habe ich während dieser Zeit folgende Initiativen ergriffen bzw. Anregungen gegeben: Umfassender Vorschlag für Aktivitäten und Veranstaltungen zum 40. Jahrestag der Beendigung des II. Vatikanischen Konzils (wurde von der Diözesanleitung abgelehnt), konkreter Vorschlag mit Vorlage eines Prototyps für die Einführung des Tischgebets in Gaststätten (liegt seit einigen Monaten unbearbeitet bei der Diözesanleitung), konkrete Vorschläge für die Personalschlüsselplanung für Seelsorgeeinheiten (weitgehend in das endgültige Konzept übernommen), Gestaltung eines „Tags der Eucharistie“ für Diözesanratsmitglieder und Familienangehörige, Gestaltung eines „Tags des Ehrenamts" (von der Diözesanleitung abgelehnt), Mithilfe, um Konflikte zu entschärfen bzw. erneute Motivation zu schaffen (z. B. Hohenfels), Einsatz im Sinne der Familien mit Kindern, dass die Diözese Regensburg auch im Jahre 2005 Zuschüsse für Bildungsmaßnahmen von Familien mit Kindern gewährt, Unterstützung bei der Vorbereitung des Weltjugendtages, Beschlussfassung, dass aus der Nachbar- und Partnerdiözese Pilsen ein katholischer Laie als ständiger Gast zu den Vollversammlungen des Diözesanrats Regensburg geladen wird, und die Förderung geistlicher Berufe."

Sie wissen, sehr verehrte Damen und Herren, liebe Mitglieder, dass ich Kommunikation von Anfang an als ein entscheidendes Instrument für das Glaubenszeugnis und für die Motivation der Mitchristen angesehen habe. Nicht zuletzt deshalb habe ich während meiner bisherigen Amtszeit 28 Dekanatsräte besucht, dabei mit über 1.000 Pfarrern sowie ehren- und hauptamtlichen Laien Kontakt gehabt, und ich bin mit ihnen ins Gespräch gekommen. Unser Glaube äußert sich auch und besonders in der Mitfeier der Eucharistie. Insbesondere der Vorstand und ich haben in den letzten achtzehn Monaten viele Gelegenheiten wahrgenommen, um gemeinsam mit dem Bischof die Eucharistie zu feiern. Denn das entspricht ebenfalls unserem Grundauftrag.

Der gesamte Einsatz erfolgt ehrenamtlich mit großem Engagement, ganz nach dem Wunsch und Auftrag des II. Vatikanischen Konzils. Sehr viele Gläubige in unserer Diözese setzen einen Großteil ihrer Freizeit für die Kirche durch Mitarbeit in Pfarrgemeinderäten, Verbänden, Dekanatsräten und im Diözesanrat ein. Ich weiß sehr gut, sehr geehrte Damen und Herren, dass alle das Beste wollen. Nicht immer gelingt alles nach Plan. Das ist allzu menschlich. Da ist auch Kritik gerechtfertigt. Eine solche gibt es mir gegenüber, Ihnen, vielen anderen und auch dem Herrn Bischof gegenüber.

Ich habe seit dem 05. Dezember 2003 unablässig versucht, beim Bischof das offensichtlich mir und dem Diözesanrat gegenüber bestehende Misstrauen abzubauen und in Vertrauen umzuwandeln. Um Vertrauen bilden zu können, ist Offenheit und Ehrlichkeit unabdingbar. Offenheit und Ehrlichkeit im Umgang miteinander halte ich für das Fundament wirklich christlicher Freundschaft. „Nach dem Mund reden", um beim Gegenüber immer schön dazustehen, lehne ich ab. Es gaukelt eine Scheinwelt vor, führt auf falsche Wege und leider auch zu falschen Ergebnissen.

Ich war während meiner bisherigen Amtszeit auch mit Kritik am Handeln von Bischof Dr. Gerhard Ludwig Müller konfrontiert – von Laien und Priestern. Bei solchen Gelegenheiten habe ich immer wieder für den Bischof geworben, um Verständnis gebeten und Geduld angemahnt. Ich sah und sehe es auch als meine Verpflichtung an, dem Bischof von solcher Kritik zu berichten. Eine solche Offenheit als kirchenfeindlich hinzustellen entbehrt jeder Grundlage. Es ist für mich deshalb ehrverletzend, wenn unterschwellig behauptet wird, dass wir, die wir das gewählte Verfahren zur Änderung der Satzung kritisch betrachten, gegen Selbstverständlichkeiten der katholischen Glaubenslehre opponieren und diese nicht anerkennen wollen.

Liebe Freunde, verehrte Damen und Herren, wir alle setzen uns gern für unseren Glauben und unsere Kirche ein. Wir alle stehen zur Kirche und ihrer Lehre. Da gibt es für mich keinen Zweifel! Wir stehen auch zusammen und bemühen uns um eine gute und freundschaftliche Kooperation mit unserem Bischof sowie unseren Priestern. Es gibt keine sozialen Gefüge, in denen es nicht einmal zu unterschiedlichen Auffassungen kommen würde. Entscheidend ist nur, wie die Beteiligten damit und in Zukunft miteinander umgehen.

In etwa zehn Monaten werden die Pfarrgemeinderäte neu gewählt. Bitte helfen Sie mit, dass es genügend Motivation gibt, um Kandidatinnen und Kandidaten zu gewinnen. Bewährte, erfahrene, neue, alte, junge, … Menschen, denn auch durch unser Mittun, unser Glaubenszeugnis, unsere Zuversicht und unseren Optimismus leuchtet etwas von dem auf, was uns Christus beispielhaft vorgelebt hat, nämlich die Liebe zu Gott und den Menschen!

Alles Gute und freundliche Grüße!

Brief
vom 28. Juni 2005 an die Leiter der Kommission zur Evaluierung des Diözesanrats der Katholiken, Prälat Peter Hubbauer und Msgr. Reinhard Pappenberger im Anschluss an die Ankündigung, die Arbeit des Diözesanrats würde evaluiert werden

Kommission zur Evaluierung der Arbeit des Diözesanrates; Zu Ihrem Schreiben vom 15. Juni an die Mitglieder des Diözesanrates

Sehr geehrte Herren, die Errichtung der Kommission zur Evaluierung der Arbeit des Diözesanrates haben wir zur Kenntnis genommen. Wir sind überrascht, weil es bisher keine Anhaltspunkte für die Notwendigkeit einer solchen Maßnahme gab und weil mit uns zu keiner Zeit darüber gesprochen und uns eine Notwendigkeit dargelegt worden ist.

Der Hauptausschuss des Diözesanrates hat sich am 20. Juni 2005 mit Ihrem Schreiben befasst und festgestellt, dass auch wir zu einer vertrauensvollen und konstruktiven Zusammenarbeit bereit sind, um die Maßnahme zu einem Erfolg zu führen. Der Hauptausschuss wünscht sich vor Beginn der Arbeit der Kommission ein gemeinsames Gespräch mit Ihnen als Leiter, und ich bitte Sie deshalb um die Vereinbarung eines geeigneten Termins noch vor der Sommerpause.

Die Evaluierung ist ein dem Zeitgeist entsprechendes Mittel, das nur dann bzw. gut gelingen kann, wenn Standards angewendet und eingehalten werden, die sich aufgrund wissenschaftlicher Erkenntnisse und bewährter Praxis manifestiert haben und die in gleicher Weise auch für innerkirchliche Prozesse valide sind. Dazu gehören nach unserer Auffassung insbesondere die deutliche Bestimmung des Evaluationszwecks, die Glaubwürdigkeit und Kompetenz der Evaluatoren sowie die Transparenz des Verfahrens. Eine Zusammenfassung solcher Standards hat die Deutsche Gesellschaft für Evaluation e. V. erarbeitet und stellt diese im Internet unter www.degeval.de zur Verfügung.

Sie nennen als Auslöser für die Evaluation die Ansprache von Papst Johannes Paul II. vom 10. Januar 2004, wonach die Strukturen der verschiedenen Räte in ihren Handlungsweisen „gemäß den Normen des im Jahr 1983 veröffentlichten Codex des kanonischen Rechts auf den heutigen Stand" zu bringen sind. Gestatten Sie uns dazu bitte den Hinweis, dass nach unserer Kenntnis die Deutsche Katholische Bischofskonferenz schon im Jahre 1987 festgestellt hat, dass die in Deutschland bestehenden Strukturen dem CIC 1983 entsprechen bzw. auch weiterhin anzuwendendes partikulares Recht darstellen. Die Umsetzung der Normen des im Jahr 1983 veröffentlichten Codex ist damit bereits erfolgt. Eine Änderung des CIC 1983 ist auf diesem Gebiet seitdem nicht eingetreten, so dass dieser Auftrag des Papstes – was die katholische Kirche in Deutschland anbelangt – bereits erfüllt ist.

Unabhängig davon möchten wir mit Ihnen gerne besprechen, welcher Teil der Arbeit des Diözesanrates von der Evaluation betroffen sein soll. Der Diözesanrat ist als Katholikenrat der Diözese ein (im Einvernehmen mit dem Bischof) eigenständiges Organ im Sinn der Nr. 26 des Konzilsdekrets über das Apostolat der Laien „Apostolicam Actuositatem". Wir gehen deshalb davon aus, dass sich die Evaluation aufgrund der in Ihrem Schreiben genannten Schwerpunktsetzung „Neuevangelisierung" nur auf jene Tätigkeiten/Aktivitäten des Diözesanrats beziehen wird, wo er möglicherweise wie ein Pastoralrat tätig ist/war, ohne ein solcher zu sein.

Nachdem auf die Freisinger Bischofskonferenz Bezug genommen wird, möchten wir klären, ob die Evaluation abstrakt alle bayerischen Diözesanräte betrifft oder sich allein auf den

Diözesanrat der Katholiken im Bistum Regensburg bezieht. Wegen der bayernweiten Beauftragung des Bischofs von Regensburg, „bei der Überprüfung der einzelnen Gremien auf Diözesan-, Dekanats- und Pfarrebene ... federführend tätig zu werden", stellt sich die Frage, ob die Evaluierungskommission auch den Auftrag hat, die Arbeit der Dekanats- und Pfarrgemeinderäte zu evaluieren und ob sich diese Evaluierung ggf. auf das Bistum Regensburg beschränkt bzw. für alle bayerischen Bistümer gilt.

Es dient nicht der Transparenz, dass bislang niemand aus unseren Reihen der Kommission angehört. Insbesondere zur Steigerung der Effizienz bei Maßnahmen/Vorhaben des Diözesanrates, bei denen das Ordinariat und die Bistumsleitung tangiert sind, würden wir gerne unsere Ideen einbringen. Für die Steigerung der Effektivität und für die spätere Akzeptanz des in Auftrag gegebenen Votums halten wir es für unabdingbar, dass auch in der kirchlichen Gremienarbeit erfahrene Laien-Persönlichkeiten der Kommission angehören, die ihren Wohnsitz nicht im Bereich der Diözese Regensburg haben. Vorschläge für die Einbeziehung solcher Persönlichkeiten werden wir Ihnen bei unserem Gespräch unterbreiten mit der Bitte um Weiterleitung an den Herrn Bischof zur Nachberufung. Weitere zu besprechende Themen werden die Arbeitsweise der Kommission, die Transparenz und Veröffentlichung des Votums sowie der zeitliche Rahmen sein.

Weil die Freisinger Bischofskonferenz mit dieser Thematik befasst ist, werden wir einen Abdruck dieses Briefes an den Vorsitzenden der Freisinger Bischofskonferenz Friedrich Kardinal Wetter sowie an das Landeskomitee der Katholiken in Bayern zur Information senden.

(Leider blieb dieser Brief unbeantwortet. Die besagte Kommission hat kaum getagt. Ihre öffentlich verkündete Gründung

stellte sich als rein taktischer Winkelzug heraus, um dem Diözesanrat die wichtige inhaltliche Arbeit zu erschweren. Ergebnisse hat die Kommission zu keiner Zeit vorgelegt, obwohl Bischof Dr. Gerhard Ludwig Müller wiederholt Ergebnisse angekündigt hatte.)

Begrüßungsrede

bei der Konferenz der Dekanatsratsvorsitzenden am 8. Juli 2005 in der Schloss-Gaststätte Eichhofen. *(Diese am 21. März 2005 eingeladene Konferenz wollten Generalvikar Dr. Wilhelm Gegenfurtner und die Ordinariatskonferenz am 30. Juni 2005 unbegründet zuerst im ursprünglich vorgesehenen Haus Werdenfels und später „wo auch immer" untersagen.)*

Sehr geehrte Damen und Herren Vorsitzende der Dekanatsräte, liebe Freunde – auch aus dem Vorstand des Diözesanrates, ich darf sie und euch alle recht herzlich begrüßen zur diesjährigen Konferenz der Dekanatsratsvorsitzenden.

Es freut mich, dass, trotz der vielen Ereignisse der letzten Woche, so viele gekommen sind und sich nicht verunsichern ließen. Ich freue mich ganz besonders, dass Frau Gabriele Pinkl, die Geschäftsführerin des Diözesanrates Passau, unseren heutigen Abend moderieren wird. Ich kenne Frau Pinkl seit 2 ½ Jahren und habe sie während dieser Zeit als eine außergewöhnlich erfahrene, geschickte und engagierte Arbeiterin im Weinberg des Herrn erlebt. Liebe Gabriele, ein besonderes Grüß Gott!

Wir treffen uns an ungewöhnlicher aber nicht unsympathischer Stätte, nachdem uns aus unerklärlichen Gründen von der Diözesanleitung nicht gestattet worden ist, im benachbarten Diözesan-Exerzitienhaus Werdenfels zu tagen. Bei der ersten Absage waren es „jüngste Vorkommnisse", bei der zweiten Absage „neuerliche Irritationen", die eine solche Maßnahme der Diözesanleitung rechtfertigen sollten. Nun, eine wirkliche Begründung bedeuten die aufgestellten Behauptungen nicht. Das ist aber schlussendlich nicht entscheidend, denn dass wir uns heute hier treffen, und dass es niemanden gibt, der das verhindern kann, das geht aus unserem Grundgesetz einerseits und aus den Bestimmungen des kirchlichen Gesetzbuches andererseits hervor. Man hat mir gesagt, dass es in einem Rechtsstaat und in einer vom Bild des Volkes Gottes geprägten Kirche bisher so einen Versuch des Verbots einer Versammlung ohne Grund noch nicht gegeben habe.

Ich danke ihnen und euch für das Kommen und bitte um konstruktive Beratungen mit dem Ziel, den Glauben zu stärken, zu bezeugen und unserer Kirche damit einen wertvollen Dienst zu erweisen. Denn das, liebe Freunde, ist es, was uns in unserer Freizeit zusammenführt: Wir sind als Glieder der Kirche aufgerufen unseren Sendungsauftrag zu erfüllen, jeder mit den ihm verliehenen Charismen, mit den Talenten und mit den gemachten Erfahrungen – jeder an seinem Platz und mit seiner Geschichte. Was wir tun ist ein wichtiger Dienst innerhalb der Kirche, denn wir sind – wie viele andere auch – ein Teil dieser Kirche. Wir stehen nicht neben ihr, nicht unter ihr und schon gar nicht über ihr. Nein, wird sind eingebunden in die weltweite Segens-, Heils-, Zeugnis- und Beistandsgemeinschaft, welche unsere katholische Kirche darstellt. Wenn wir uns treffen, miteinander beraten und Vereinbarungen treffen, dann geschieht das im Geiste des Evangeliums und wir tun das im Geist christlicher Nächstenliebe. Das II. Vatikanische Konzil fasst dies alles damit zusammen, dass wir eine Einheit in der Sendung, aber eine Verschiedenheit in den Diensten haben. Dabei handelt es sich beim priesterlichen Dienst selbstverständlich um einen besonders herausgehobenen, sakramentalen Dienst. Und um das gleich anzufügen: Selbstverständlich erkennen wir die hierarchische Verfassung unserer Kirche mit all den Konsequenzen, darin enthalten die Anerkennung des Bischofsamts, an. Aber wir sehen genauso, dass nach dem II. Vatikanum dem Volk Gottes eine wichtigere Aufgabe und auch Verantwortung zugeschrieben wird. Diesen Auftrag und diese Verantwortung zu erfüllen, das ist nicht etwa ein Recht, nein, das ist eine Pflicht! Wir dürfen uns dieser nicht entziehen! Deshalb auch gibt es das Vereinigungs- und das Versammlungsrecht in unserer Kirche. Und in dessen Rahmen sind wir heute beieinander.

Inhaltlich führen wir das fort, was wir bei der Klausurtagung im März begonnen haben. Sie erinnern sich, liebe Freunde, dass wir 18 Stunden unsere Situation beleuchtet und über unsere künftige Arbeit beraten haben. Das betraf den Diözesanrat und der Diözesanrat baut jetzt darauf auf, wenn wir uns bei der Vollversammlung am 8. Oktober mit dem Thema „Familie“ beschäftigen. Eine eigens eingerichtete Arbeitsgruppe hat bereits ein umfangreiches - sehr interessantes – Positionspapier erarbeitet. Wenn der Hauptausschuss am 18. Juli zustimmt, dann bekommen sie das Papier noch vor der Sommerpause. Und wir werden sie bitten, dass sie uns - aus ihrer Erfahrung heraus - konkrete Vorschläge für ebenso konkrete Handlungsforderungen und Aktionen machen.

Wir haben uns für die Teilnahme am Katholikentag 2006 in Saarbrücken angemeldet und bitten um das Mitdenken, wie wir besonders den Europagedanken herausstellen könnten. Die Verbreitung der „Millenniumsentwicklungsziele“ wird uns beschäftigen. Schließlich haben wir eine Romfahrt - wenn möglich noch in diesem Jahr - in Vorbereitung. Der Vorstand wird sich damit ebenfalls am 18. Juli beschäftigen.

Die Bedingungen für unsere Arbeit sind derzeit nicht besonders einfach. „Ihr macht einfach zu viel!“ hat mir ein Mann gesagt, der es gut mit uns meint. Wir wollen auch viel tun, weil das unser Auftrag ist, darauf darf ich noch einmal hinweisen. Wir würden das gerne im Einvernehmen und im Dialog, vor allem auch mit dem Vertrauen des Bischofs tun. Leider geht man aber mit uns teilweise um, als wären wir ein Schaden für die Kirche. Bedenken sie, was wir und ich da schon einstecken mussten: Mir wurde Kirchenspaltung vorgeworfen, ich hätte dem Bischof die theologische Kompetenz, die moralische Integrität und das Recht zur Amtsausübung nach der Ordnung der katholischen Kirche abgesprochen oder ich hätte in offener oder verdeckter Form das Amt des Bischofs in Frage gestellt, Gegensätze aufgebaut und Spaltungen in die Kirche hineingetragen oder dem Herrn Bischof die Ausübung seiner oberhirtlichen Rechte und Pflichten streitig gemacht! Mir würde es an der Wertschätzung des sakramentalen Bischofsamtes und der sakramentalen Verfassung der Kirche mangeln! Und ich hätte gezielt wahrheitswidrige Anschuldigungen gegenüber dem Bischof schriftlich oder mündlich verbreitet oder den Bischof desavouiert! Das alles haben wir und habe ich selbstverständlich nicht gemacht. Dass ich da und dort ein offenes Wort gesagt oder einen deutlichen Satz geschrieben habe, und dass man über diese oder jene Formulierung streiten kann, das gestehe ich durchaus zu. Aber so ist das Leben.

Jetzt aber endgültig zum heutigen Treffen: Wir werden versuchen, gemeinsam mit Gabriele Pinkl die Arbeit des Dekanatsrates zu beleuchten und auch zu schauen, was wir bisher gemacht haben sowie was in Zukunft sein kann und wird. Schließlich wird uns die Pfarrgemeinderatswahl beschäftigen und dann – ausgehend von der Klausurtagung – möchten wir gerne über künftige Ehrungen von Ehrenamtlichen sprechen. Um 22 Uhr ist Schluss. Darauf können sich alle verlassen. Wer nicht so lange Zeit hat, der wird sich zwischendrin verabschieden. Liebe Gabriele, jetzt bitte ich dich, das Ruder zu übernehmen.

(Bei der Konferenz waren 25 der insgesamt 33 Dekanatsräte vertreten – so viel wie nie zuvor. Die Ergebnisse waren sehr gut und wären eine gute Grundlage für die Arbeit nach den Pfarrgemeinderatswahlen des Jahres 2006 gewesen. Wahrscheinlich

war schon bei der versuchten Absage der Konferenz klar, dass die Dekanatsräte aufgelöst werden sollten. Wollten so Bischof und Generalvikar mit der Absage verhindern, dass die über Jahrzehnte hinweg geleistete gute Arbeit noch einmal in die Öffentlichkeit kam?)

Rechenschaftsbericht

bei der Vollversammlung des Diözesanrats der Katholiken im Bistum Regensburg am 8. Oktober 2005 im Diözesanzentrum Obermünster u. a. mit Landtagspräsident Alois Glück zum Thema „Eigenverantwortung und Solidarität"

Sehr geehrte Damen und Herren, liebe Freunde – verehrte Gäste! *„Wir müssen Ehrfurcht haben vor dem Suchen der Menschen, dieses Suchen unterstützen, sie fühlen lassen, dass der Glaube nicht einfach ein fertiger Dogmatismus ist, der das Suchen, den großen Durst des Menschen auslöscht, sondern dass er erst die große Pilgerschaft ins Unendliche bringt, dass wir gerade als Glaubende immer auch Suchende und Findende zugleich sind.*" Dieser beeindruckende Satz stammt von unserem immer noch neuen Papst Benedikt XVI., gesprochen beim Weltjugendtag und da beim Treffen mit den Bischöfen. Ich habe diesen Satz meinem Rechenschaftsbericht vorangestellt, weil er auch für uns als Diözesanrat wie maßgeschneidert ist.

Unser Auftrag als Christen ist in erster Linie das Dienen, der Dienst. Diener sind kleine Leute mit einer wichtigen Funktion. Sie sorgen dafür, dass alles rechtzeitig am richtigen Platz ist. Sie helfen dabei mit, dass aus allem das Beste wird. Diener haben verschiedene Namen und sie treten unterschiedlich auf. „Stumme Diener" kennen wir nur in Zusammenhang mit unserer Kleidung. Denen legen wir etwas um, etwas auf, manchmal werfen wir denen auch etwas hin. Solche stummen Diener braucht die Kirche nicht.

Unser Dienst, liebe Freunde, ist ein Dienst an der wichtigsten Angelegenheit der Welt, nämlich am Glauben an den dreifaltigen Gott, an unserer geliebten Kirche und an unseren Mitmenschen und an der Suche sowie am Finden dieses Glaubens. Unser Dienst – unsere Berufung zu diesem

Dienst – kommt von Gott selbst. Deshalb dürfen wir uns ihm nicht verschließen und deshalb ist die Würde dieses Dienstes unantastbar. Aber unser Dienst ist auf Gemeinschaft angelegt. Und zu diesem Gemeinschaftsgeist gehört gegenseitige Achtung und gegenseitiger Respekt. Ein solcher Dienst wie der unsere ist aufgebaut auf die große Kraft der christlichen Nächstenliebe und auf die Werte, die darauf gründen. Bei uns darf sich niemand eine blutige Nase holen, bei uns sind keine Operationen zu befürchten. Nein, unser Bestreben liegt darin heil zu werden und daran mitzuwirken, dass andere dies auch erfahren können.

Klausurtagung in Lambach

Um uns dieses Dienstes, dieses aus dem Evangelium kommenden Auftrags in besonderer Weise bewusst zu werden, haben wir vom 11. bis 13. März dieses Jahres eine 18-stündige Klausurtagung mit annähernd 60 Mitgliedern gehalten. Es ging um die Rückschau und die Perspektive für die Zukunft. Es ging uns darum, was uns gut tut und freut. Aber auch darum, was uns schmerzt und unsere Arbeit behindert. Wir sind in einen bisher nie da gewesenen Dialog eingetreten. Außerdem war damit die Vertiefung menschlicher Beziehungen mit der Stärkung gegenseitigen Vertrauens verbunden, wofür die Teilnehmer sehr dankbar waren. Die Mitschrift der Klausurtagung legen wir ihnen heute vor. Sie wurde von Marianne Brandl erstellt und dafür sind wir sehr dankbar. Es handelt sich um die Kurzfassung. Wer an der Langfassung interessiert ist, kann sich diese bei der Geschäftsstelle beschaffen.

Verehrte Damen und Herren, liebe Freunde! Wir haben nicht im Sinne eines Untersuchungsausschusses Schwachstellen anderer zu ergründen versucht. Wir haben unsere eigenen Schwächen ergründet. Wir haben nicht besserwisserisch Aufgaben für andere erdacht. Nein, sondern wir wollten uns unserer Aufgaben bewusst werden. Wir haben niemandem etwas Böses gemeint. Unser Bestreben war allein positiv auf das Zeugnis der Christen in der Welt und in der Kirche gerichtet. Unsere Klausurtagung bedeutete eine Standortbestimmung und eine Definition unseres Auftrags. Es wurde dabei klar, dass unsere Stärke im christlich-katholischen Glauben im Zusammenwirken, im aufeinander hören und im füreinander da sein liegt – in der Sorge um die Suchenden und Fragenden. Die Klausurtagung hat aber auch gezeigt, dass wir die Dynamik unserer Arbeit erkennen und anerkennen, dass wir bereit sind zu Reformen im Sinne einer konstruktiven Fortentwicklung unserer Kirche. Unsere Klausurtagung hat hervorgebracht, dass wir als Diözesanrat einerseits die Entwicklung der Gesellschaft und Politik im Innern und außerdem die Geschehnisse auf der ganzen Welt, immer nach unseren oft bescheidenen Möglichkeiten, im Blick haben müssen. Andererseits ist uns als Christen und Katholiken insbesondere vom II. Vatikanischen Konzil die Sorge um die Kirche mit anvertraut. Daneben dürfen wir unsere eigene Spiritualität nicht hinten anstellen.

Einkehrtag in Schloß Spindlhof

Das war auch der Hauptgrund für den 22. Januar, an dem wir uns zusammen mit unseren Familien im Bildungshaus Schloß Spindlhof dem Thema des „Jahres der Eucharistie" zugewandt haben. „Mane nobiscum domine" – „Bleibe bei uns Herr" – hat Papst Johannes Paul II. sein apostolisches Schreiben genannt. Das ist unser Rufen unser ganzes Leben lang. Manchmal möchte man schier verzweifeln. Doch es folgt auf die Bitte die Antwort: Habt keine Angst, ich bin bei euch alle Tage, bis ans Ende der Welt! Gerade in der Eucharistie ist diese Antwort verlässlich da. Die Eucharistie zeigt uns auch in besonderer Weise, dass die Kirche nicht teilbar ist in eine Priester- und Laienkirche. Wir und ich haben niemals so etwas behauptet oder im Blick gehabt. Als ein Bespiel unseres Bewusstseins darf ich die dogmatische Konstitution LUMEN GENTIUM zitieren. In Nr. 10 heißt es: „Der Amtspriester … vollzieht in der Person Christi das eucharistische Opfer und bringt es im Namen des ganzen Volkes Gottes dar; die Gläubigen hingegen wirken kraft ihres königlichen Priestertums an der eucharistischen Darbringung mit." Priester und Gläubige sind in der „Eucharistie als Gemeinschaft" verbunden.

Die öffentliche Debatte

Seit einigen Monaten könnte man den Eindruck haben, als gehe es nur noch um Struktur- und Satzungsfragen. Nicht innerhalb unseres Gremiums. Denn *mit* uns wird darüber nicht gesprochen. Es wird nur *über* uns gesprochen: über den Diözesanrat, über die Dekanatsräte, über die Pfarrgemeinderäte. Eigenartige Entwicklungen haben sich ergeben. Eine Evaluierungs-Kommission wird eingerichtet, ein Beauftragter für die Reform der Räte wird installiert, eine weitere Arbeitsgruppe mit Theologen und Kirchenrechtlern angekündigt. Diejenigen zu beteiligen, die arbeiten und mitarbeiten sollen, das wird geflissentlich vermieden. Die Abschaffung des Diözesanrats wird angedroht[1] und einen Tag später als Missverständnis erklärt[2]. Die Dekanatsräte werden öffentlich als „weniger effektiv" charakterisiert, eine Konferenz der Dekanatsratsvorsitzenden soll ohne jede Begründung nicht stattfinden. Die Pfarrer sollen in Zukunft Vorsitzende der Pfarrgemeinderäte sein, soll den Dekanen angedeutet worden sein. Dekanatsräte sollen überflüssig sein oder abgespeckt werden. Mit uns, also mit denen, die seit Jahren und Jahrzehnten mit großer Hingabe und persönlichem Einsatz die Arbeit machen, spricht niemand.

Man kann sich des Eindrucks nicht erwehren, als ob der Diözesanrat mit allen Mitteln marginalisiert werden soll. Dem Vorsitzenden wird die Leitung der Geschäftsstelle entzogen. Auf die Internet-Homepage mit seinem Namen darf der Diözesanrat nicht mehr seine eigenen Sachen stellen. Die Veröffentlichung eines Nachrufes auf den ermordeten Frere Roger Schutz auf dieser Homepage wird nicht gestattet. Der Bericht über unsere Dekanatsratsvorsitzendenkonferenz musste aus der Homepage genommen werden. Es war nicht möglich, die Vorsitzenden der Pfarrgemeinderäte über den Verlauf und die Hintergründe der Auseinandersetzung zu informieren. Die Vorbereitung der Pfarrgemeinderatswahl wird hinausgezögert, während in anderen Diözesen schon alles auf Volldampf läuft. Und jetzt war zu erfahren, dass eine neue Satzung für die Pfarrgemeinderäte bereits ausgearbeitet worden ist. Diese neue Satzung soll noch vor der Pfarrgemeinderatswahl in Kraft treten. Eine Verringerung des Einflusses der ehrenamtlichen Laien sei beabsichtigt, heißt es. Möglicherweise wird der Pfarrer in Zukunft Vorsitzender des Pfarrgemeinderates sein. Das wäre wahrscheinlich ein Novum, nicht nur in Bayern. Es ist vermutlich kein Zufall, dass jetzt mit den Wahlunterlagen keine aktuelle Satzung verschickt werden darf.

Was macht das für einen Eindruck auf all diejenigen, die jetzt auf die Suche nach Kandidatinnen und Kandidaten gehen sollen? Was kann denen gesagt werden, wenn sie nach den – über das II. Vatikanische Konzil und die Würzburger Synode hinaus – in der Diözese Regensburg geltenden Grundlagen ihres erbetenen Engagements fragen? Das ist für uns alle sehr schwierig. Und trotzdem dürfen wir den Optimismus nicht verlieren, weil es um etwas Größeres geht als um dauernde Satzungs- und Strukturdiskussionen, die in den Vordergrund geschoben werden. Und wir dürfen den Optimismus nicht verlieren, weil die Zusammenarbeit in den allermeisten Pfarrgemeinden und Dekanaten gut bis sehr gut klappt. Die Zusammenarbeit von Priestern und Laien hat sich bewährt.

Die Situation der Laienarbeit in unserer Diözese stellt sich für viele Frauen und Männer leider derzeit so dar: nicht besonders geachtet, ausgegrenzt, trotz anders lautender Lippenbekenntnisse eher unerwünscht. Diese Sorgen tragen uns Gläubige aus allen Teilen der Diözese vor. Auch der von uns verbreitete Optimismus klingt für viele Menschen hohl.

Landauf, landab klagen die wenigen Pfarrer zu Recht über ihre Überlastung durch die seelsorglichen und administrativen Verpflichtungen, die heute schon auf ihnen lasten. Diese Pfarrer werden unter zeitlichen Gesichtspunkten nicht in der Lage sein, auch noch zusätzlich die Leitung der Pfarrgemeinderäte zu übernehmen. Was daraus folgt muss nicht beschrieben werden.

Was war geschehen?

In der Zeitung „Tagespost“ wird behauptet, wir und ich hätten einen Streit vom Zaun gebrochen. Das ist eines von vielen Märchen, die in den letzten Wochen in Umlauf gesetzt worden sind. Ob dies Ursache schlampiger Recherche oder bewusste Verdrehung der Tatsachen ist, das kann niemand beurteilen. Wir haben unsere Arbeit und unsere Pflicht getan. Wir haben Achtung und Respekt jederzeit gewährt und wir haben uns dies auch für uns gewünscht. Wie damit seitens der Diözesanleitung umgegangen wurde, haben sie selbst mehr oder weniger verfolgen können.

Konkret

Ich darf erinnern: Zu unser aller Überraschung wurde die Satzung und Wahlordnung für die Pfarrgemeinderäte im April per Anordnung geändert. Weil dafür nach dem Wortlaut der Satzung die Mitwirkung des Diözesanrats vorgesehen ist, haben wir/habe ich um die Aussetzung des Inkrafttretens und um ein Gespräch gebeten, um möglichst zu einer einvernehmlichen Lösung zu kommen. Das eine wurde abgelehnt, die Gesprächsbitte ignoriert. An Konsens bestand offensichtlich kein Interesse. Ich habe den Diözesanratsmitgliedern am 13. Mai folgendes geschrieben: „Der Hauptausschuss hat die Situation am 11. Mai beraten und kam dabei zu der Auffassung, dass der Diözesanrat nicht in der Lage ist, die rechtliche Seite abschließend zu klären. Wir nehmen die getroffene Anordnung hin und wünschen uns aber gleichzeitig, dass in Zukunft wieder auf Verfahren zurückgegriffen wird, die der Satzung und dem Respekt den Gremien gegenüber entsprechen.

Mit dieser Haltung rütteln wir in keiner Weise an der Autorität des Bischofs oder des Bischofsamtes! Wir werden uns auch weiterhin engagiert für unsere Kirche und für die Verwirklichung der christlichen Werte in der Gesellschaft einsetzen."

Am 30. Juni ist ein Journalist auf mich zugekommen, der offenbar schon lange recherchierte und sehr viel – sogar mehr als ich – wusste. Mit seiner Gesprächsbitte kam fast zeitgleich die erste unbegründete Absage der Konferenz der Dekanatsratsvorsitzenden. Ich habe der Gesprächsbitte des Journalisten entsprochen, weil mir klar war, dass die Angelegenheit ohnehin nicht mehr intern zu halten war. Der bisher in Deutschland einmalige Vorgang einer Satzungsänderung ohne Beteiligung des Gremiums hatte sich längst in der ganzen Republik herumgesprochen. Mir war wichtig, aus meiner Sicht klare Verhältnisse zu schaffen, um so Gerüchten und Halbwahrheiten entgegenzuwirken, die nicht der Bewältigung dienen. In der Folgezeit habe ich mich nur noch kurz zum Entzug der Leitung der Geschäftsstelle geäußert und ansonsten keine öffentlichen Stellungnahmen abgegeben. Insbesondere habe ich nicht auf die immer heftiger werdenden persönlichen Vorwürfe reagiert, die bis in die abenteuerliche Behauptung gingen, ich hätte einen „Übergriff ins Bischofsamt“ gewagt.

Verehrte Damen und Herren, nach meiner Einschätzung gibt es bis heute keinen Grund, der die getroffenen Sanktionen und die geäußerten Reaktionen rechtfertigen würde. Schließlich wurde – nicht von mir – ein Brief aus der Versenkung geholt, den ich am Karfreitag 2003 in einer großen Sorge – auf einem vermeintlichen Höhepunkt um die Absetzung von Prof. Grabmeier als Dekanatsratsvorsitzender – an den damaligen Kurienkardinal Ratzinger geschrieben habe. Ich habe ihn als „kleiner Pfarrgemeinderatsvorsitzender“ – als der ich in letzter Zeit tituliert wurde – geschrieben mit der Bitte um Hilfe. Er enthält keine Beleidigung, die eine Entschuldigung nach sich ziehen müsste. Ich habe von niemandem den Rücktritt oder den Rückzug gefordert, wie fälschlich behauptet wird. Schon im Februar dieses Jahres habe ich schriftlich geäußert, dass es mir Leid täte, wenn es dabei zu Verletzungen gekommen sei. Ich habe weiter um Versöhnung gebeten – aber leider keinerlei Reaktionen erhalten. Besteht Bereitschaft zur Versöhnung?

Zurück zur öffentlichen Debatte. Es ging uns als Diözesanrat nicht in erster Linie darum, rechtlich Recht zu bekommen. Es ging uns um das Bewusstsein, dass mit der Beachtung oder Nichtbeachtung einer Satzungsbestimmung auch ein Hinweis auf die Achtung und den Respekt für das Gremium und seine Arbeit verbunden sind. Inzwischen ist in ganz Deutschland eine Debatte entstanden um die Stellung der Laien in der Kirche, um die Bedeutung der Würzburger Synode, die vor dreißig Jahren zu Ende gegangen ist. Diese Debatte ist noch nicht zu Ende, auch wenn sie derzeit nicht an der Oberfläche geführt wird. Das Zentralkomitee der deutschen Katholiken und das Landeskomitee der Katholiken in Bayern sowie Kirchenrechtler aus ganz Deutschland haben sich mit dem Vorgang beschäftigt und ihn theologisch und rechtlich beleuchtet.

Jetzt habe Rom entschieden, und die ganze Sache sei rechtmäßig, haben wir vor einigen Wochen in der Zeitung gelesen. Es wurde von einer Antwort auf eine Frage geschrieben, die bei uns nicht Gegenstand der Debatte gewesen ist. Über die Inhalte der Satzungsänderung haben wir uns nämlich als Diözesanrat und auch ich als Vorsitzender zu keiner Zeit geäußert. Unser Dissens besteht in der Frage, ob die in der gültigen Satzung vorgesehene Beteiligung des Diözesanrats einfach übergangen werden kann und ob anschließend der Diözesanrat über die Satzungsänderung nicht diskutieren soll.

Liebe Mitglieder, lassen sie mich feststellen, dass sich der Diözesanrat in den über drei Jahrzehnten seines Bestehens nie einem Dialog verweigert hat – auch nicht einem, bei dem es um gewünschte Satzungsänderungen ging. Noch eins: Die Einberufung eines Diözesan-Pastoralrates wird von uns begrüßt. Graf Ballestrem hat das über Jahre hinweg erfolglos gefordert und die Würzburger Synode hatte die Einrichtung eines Diözesanpastoralrates und eines Diözesanrates in jeder Diözese schon empfohlen. Nur ist damit nicht die Abschaffung des Diözesanrates verbunden, wie eine zeitlang suggeriert wurde. Schließlich: Wir haben in den letzten Monaten möglicherweise nicht alles richtig gemacht. Wir sind nicht so vermessen zu glauben, dass wir solchen Situationen, wie sie sich uns immer wieder stellen, als Ehrenamtliche immer souverän gewachsen sind. Diese Demut halten wir für durchaus angebracht. Aber eines kann ich ihnen versichern: Wir haben in den jeweiligen und noch so schwierigen Situationen versucht, nach bestem Wissen und Gewissen zu handeln, die gebührliche Achtung und den Respekt gegenüber allen Personen zu wahren und unserer Kirche nicht zu schaden. Das habe ich auch dem päpstlichen Nuntius bei einem Gespräch in Berlin versichert.

Wie geht es weiter

Wie geht es weiter? Diese Frage wird oft gestellt. Darf das alles so sein? Wird fast noch häufiger gefragt. Liebe Mitglieder des Diözesanrates: Vorstand und Vorsitzender waren zu jeder Zeit zum Gespräch bereit. Unsere Gesprächsbitte stand und steht ebenso wie unser Bemühen, die Situation so schnell wie möglich zu bereinigen. Allerdings dürfen auch wir dabei die christlichen Werte nicht außer Acht lassen, wie etwa die Achtung der Person. Niemand von uns hat ein Interesse zu kämpfen, denn da gibt es Sieger und Verlierer, mit Triumph einerseits und Niedergeschlagenheit andererseits. Solche Gebärden darf unserer Kirche niemand zumuten. Wie gesagt: Wir wünschen uns sehnlich, dass wir wieder zur normalen Arbeit und zum normalen Umgang zurückkehren können. Denn unsere zur Verfügung stehende Zeit ist begrenzt. Und diese kann wahrlich besser und fruchtbringender eingesetzt werden, als sich dauernd mit Struktur- und Satzungsdiskussionen und mit den daraus entstehenden Ängsten und Sorgen der vielen gut meinenden Menschen beschäftigen zu müssen.

Unsere Arbeit im Detail

Unsere Stärke muss trotz aller aufgesetzten Strukturaktivitäten die sachliche Arbeit darstellen, die sich auch im letzten Jahr durchaus sehen lassen kann. Unsere sachliche Arbeit beinhaltet die Sorge darum, dass die Kirche positiv zur Geltung kommt und Einfluss gewinnt. Man schaut auf uns, wie wir in diesem Bemühen miteinander umgehen und man nimmt uns als Beispiel für „die Kirche“. Niemand erwartet von uns, dass wir alle theologisch kompetent sind. Das erwarten weder die Menschen heute noch haben das die Konzilsväter erwartet. Nein, es ist wichtig, dass wir aufgrund unserer Erkenntnis sowie Lebens- und Glaubenserfahrung unseren Beitrag dazu leisten, dass die Menschen *lebenskompetent* werden. Und zwar aufgrund der Hoffnung, die unser Glaube schenkt, aufgrund der Werte, die unsere Kirche für das Leben von Milliarden von Menschen vorgibt. In diesem Auftrag und Bemühen sind wir eingebettet in die Communio, in die Gemeinschaft der Gläubigen. Dieses Selbstverständnis von Kirche ist der Rückbesinnung des II. Vatikanischen Konzils auf den biblischen Gedanken des Volkes Gottes zu verdanken.

Lebensschutz

Der Schutz des ungeborenen und geborenen Lebens ist für uns Daueraufgabe. Die Bewusstseinsbildung über die Frage, wann menschliches Leben beginnt, ist drängender denn je. Noch haben zu viele Menschen nur diffuse Vorstellungen davon. Leider kommt das Orientierungswissen mit dem rasant steigenden Verfügungswissen in unserer Gesellschaft nicht mehr mit. Das hat Bischof Kamphaus treffend festgestellt. Wir haben angeregt, dass sich die Stadt Regensburg zur „Kulturhauptstadt des Lebens" erklären soll. Zur öffentlichen und tätigen Anwältin des Lebens in allen Situationen. Unser öffentlicher Protest richtete sich gegen weitere Klonexperimente und gegen die Freigabe des Klonens im Sinne des Lebensschutzes von Anfang an. In relativ kurzer Zeit hat die Unterschriftenaktion gegen die Spätabtreibung über 20.000 Unterschriften gebracht. Dabei haben wir auch deutlich gemacht, dass für uns die Abtreibung, und zwar zu keinem Zeitpunkt, akzeptabel ist.

Schöpfungsverantwortung

Der Sachausschuss Mission-Entwicklung-Frieden-Bewahrung der Schöpfung unternimmt vielfältige Aktivitäten, um den Gedanken von Gerechtigkeit und Frieden, von schonendem und verantwortungsvollem Umgang mit der Schöpfung und der internationalen Solidarität zu vertiefen. In wenigen Wochen sind sie alle zum Schöpfungstag eingeladen.

Berufs- und Arbeitswelt

Der Sachausschuss Berufs- und Arbeitswelt hat die Bildungstage für Pfarrgemeinderäte zum Thema Betriebspastoral ausgebaut. Die ausgezeichnete Arbeitshilfe ist fertig gestellt und gedruckt. Sie wird nach der Pfarrgemeinderatswahl an alle Pfarrgemeinderäte verteilt. Das ist praktische Handreichung! Die gemeinsame Aktion zu den Sozialwahlen hat ausgezeichnete Ergebnisse gebracht. Der nächste Bildungstag steht bevor und ein Fachgespräch „Einzelhandel" ist geplant.

Ehrenamt

Das Ehrenamt auch und besonders in der Kirche wird immer mehr an Bedeutung gewinnen müssen. Der Sachausschuss Ehrenamt hat eine umfangreiche Initiative gestartet, um insbesondere im Hinblick auf die bevorstehenden Pfarrgemeinderatswahlen, die Bedingungen und die Gründe für ehrenamtliches Engagement sowie dessen Nutzen wissenschaftlich zu untersuchen. Im Kontakt mit der Fachhochschule Regensburg sind umfangreiche Unterlagen erarbeitet worden. Leider konnte das Projekt bisher nicht verwirklicht werden, weil die Finanzierung über Sponsoren nicht gesichert werden konnte.

Schule und Bildung

Der Diözesanrat hat die Aktivitäten der Diözese auf dem Gebiet der Schulen und Bildung begrüßt. Unser Thema am heutigen Vormittag hat die Wichtigkeit auch deutlich gezeigt.

Wir haben öffentlich erklärt, dass gerade die kirchlichen Einrichtungen Personal ausbilden, die eine liebevolle Obhut gewährleisten, ganz im Geiste der christlichen Werte. Sehr ausführlich wurde von uns das neue Bayerische Kinderbildungs- und -betreuungsgesetz (BayKiBiG) begleitet. Wir erkennen die guten Ziele und Ergebnisse an. Unsere Sorge allerdings bleibt im Hinblick auf den Ausgleich zwischen den Ballungszentren und den ländlichen Räumen. Gerade wir als Teil einer Flächendiözese mit sehr vielen Kindertagesstätten in kirchlicher Trägerschaft müssen ein besonderes Augenmerk darauf haben. Mit vielen anderen haben wir gegen den Wegfall der Schulwegkostenfreiheit protestiert. Das Büchergeld konnte leider nicht verhindert werden.

Caritas

Die konkrete Sorge um den Nächsten spielt auch in unserer Arbeit eine sehr große Rolle. Der Sachausschuss Caritas hat das Projekt Gemeindecaritas ebenso begleitet wie viele andere Initiativen ergriffen. Wir waren in unserer Nachbardiözese Pilsen und haben uns informiert über die wertvolle Arbeit des Projekts JANA. Dabei ist überdeutlich geworden, wie gerade auch Männer aus dem Bereich unserer Diözese diese rund 700 Prostituierten ausbeuten, die aus osteuropäischen Ländern eingeschleust werden und erst einmal Schulden abarbeiten müssen. Es ist haarsträubend und Menschen verachtend, wenn ein billiger Bordellbesuch im Nachbarland schon als Erfolgsprämie ausgesetzt worden sein soll.

Partnerschaft

Zusammen mit der Ackermann-Gemeinde und vielen Pfarrgemeinden sowie mit Unterstützung des Diözesanrats wurde der Partnerschaftskongress in Pilsen zu einem eindrucksvollen Beweis christlicher Solidarität und Freundschaft. Wir waren beeindruckt und haben größte Achtung vor den Frauen und Männern, die schon in schwieriger kommunistischer Zeit diese Bande geflochten und damit außerordentlichen Mut bewiesen haben.

Ökumene

Die Ökumene ist gerade in den letzten Monaten verstärkt in die öffentliche Diskussion gekommen. Wir versuchen nach unseren Möglichkeiten dazu beizutragen, dass nicht das Trennende, sondern das Verbindende unseres Glaubens in den Vordergrund rückt. Unser Sachausschuss Ökumene nimmt sich mit großem Engagement dieses Themas an und hat gerade mit den Studientagen - sowohl mit hochkarätiger Besetzung als auch mit sehr gutem Besuch - eine hohe Beachtung erzielt.

Weitere politische Themen

Wir sind für den Erhalt des Sonntags und gegen die Ausweitung der Ladenöffnungszeiten auf den Sonntag eingetreten. Unser Protest richtete sich gegen die Einbeziehung der Kippenberger-Darstellung „Frosch am Kreuz“ in die Bewerbung Regensburgs als Europas Kulturhauptstadt.

Weltjugendtag

Der Weltjugendtag war ein großartiges Ereignis. Wir hoffen und wünschen sehr, dass seine Wirkung nachhaltig ist und zu einer echten Vertiefung des Glaubens führt. Durch das offene Ohr für die Suchenden und Fragenden, mit dem offenen Herzen für einen einfühlsamen Dialog. Pfarrgemeinderäte, Dekanatsräte und auch wir haben uns bei der Vorbereitung und bei den Tagen der Begegnung stark beteiligt. Viele hätte noch mehr gemacht. Aber leider sind die jungen Leute aus anderen

Ländern nicht in der prognostizierten Zahl in unsere Diözese gekommen.

Stärkung des Tischgebetes

Das Gebet in den Familien und im öffentlichen Raum stärker zur Geltung zu bringen, hat den Diözesanrat schon im letzten Jahr bewegt. Wir stimmen voll überein in der Tatsache, dass der Glaube nicht auf das Private zurückgedrängt werden darf. Mit unserem Vorschlag eines Tischgebetswürfels aus Karton für Gaststätten haben wir einen ganz praktischen Vorschlag gemacht. Es liegt die schriftliche Zusage vom Frühjahr vor, dass der Vorschlag als gut angesehen wird und umgesetzt werden soll.

Dekanatsräte

Aufgrund der jüngsten Veröffentlichung, die Dekanatsräte seien „überwiegend weniger effektiv", kommt zwangsläufig erneut die Diskussion nach der Anerkennung unserer Arbeit auf. Auch in Sachausschüssen ist darüber gesprochen worden. Unsere Dekanatsratsvorsitzenden-Konferenz hat gezeigt, dass es sehr wohl sehr viele gute Aktivitäten gibt. Für Modernisierungen sind wir jederzeit offen und dafür selbstverständlich zu konstruktiven Beratungen bereit – auch und besonders mit dem Beauftragten für die Reform der Räte. Bedauert wird von vielen Seiten, dass die (aktive) Diözesanleitung leider bei unseren Vollversammlungen nicht mehr präsent ist. So können keine Fragen gestellt und Unklarheiten an Ort und Stelle geklärt werden. Bedauert wird selbstverständlich auch, dass die bisherigen Beratungen über die Köpfe derjenigen hinweg geführt werden, welche wesentlich die Arbeit mittragen.

Romreise

Die geplante Studien- und Pilgerreise nach Rom haben

wir wegen der kurzen Zeit der Vorbereitung auf das Frühjahr 2006 verschoben.

Verehrte Mitglieder, mein Bericht ist schon sehr lang geworden. Trotzdem ist mir bewusst, dass ich nicht alle Initiativen, insbesondere die der Sachausschüsse nennen konnte. Dafür bitte ich sie um Nachsicht. In unserer Kirche hat sich während der letzen zwölf Monate sehr viel ereignet. Der Tod von Papst Johannes Paul II. hat viele Menschen bewegt. Die Wahl eines bayerischen Landsmanns zum Papst Benedikt XVI. war und ist Anlass zur Freude. Gerade die von ihm gezeigte und von vielen nicht so erwartete Offenheit und Bereitschaft zum Gespräch – auch mit Menschen, die sich ihm gegenüber in der Vergangenheit kritisch geäußert haben – sind sehr positive Signale.

Unsere Kirche steht vor großen Herausforderungen. Optimismus und positives Handeln sind gefragt. Allerdings nicht ein Optimismus der großen und größeren Zahlen, sondern der des Bemühens um jeden Einzelnen. Nicht der Optimismus der Theorie, sondern der der praktischen Tat, der konkreten Sorge. Denn diese Seelsorge ist unsere Stärke und unsere Zukunft, die der Priester und der Sakramente sowie von uns allen im Sinne des allgemeinen Priestertums. Um dem gerecht werden zu können, ist eine ständige Reflektion, am besten im Dialog, erforderlich.

Lassen sie es mich noch einmal feststellen: Es ist nicht wichtig, ständig Strukturen und Satzungen oder Wahlordnungen in den Blick zu nehmen, sondern das zu sehen, was jede und jeder von uns zu leisten imstande ist, nämlich beizutragen zur Bewältigung dieser großen Herausforderungen. Vierzig Jahre nach Abschluss des Konzils und dreißig Jahre nach der gemeinsamen Synode der Bistümer Deutschlands in Würzburg darf daran erinnert werden, dass es auf jede und jeden von uns ankommt.

Unsere Diözese ist bundesweit in den Schlagzeilen. Leider meistens nicht mit positiven Themen. Lassen sie mich bitte ausdrücklich feststellen, dass es weder ihre noch meine Absicht ist, Öl ins Feuer zu gießen. Wir lieben unsere Kirche! Wir stehen zu unserer Kirche! Die Einheit in der Kirche ist auch für uns unverzichtbar! Ich danke ihnen allen für ihren Einsatz, für ihre Bereitschaft zur Gemeinschaft und besonders auch für die Solidarität in den letzten Wochen und Monaten. Und ich danke herzlich für die Aufmerksamkeit.

Anmerkungen

1 Generalvikar Dr. Gegenfurtner lt. Bericht der Mittelbayerische Zeitung Regensburg vom 15. Juli 2005

2 Bischofssprecher Dominik Wanner lt. Bericht des Münchner Merkur vom 16. Juli 2005: „Eine Abschaffung des Regensburger Diözesanrats stand und steht nicht zur Debatte“, Äußerungen von Generalvikar Wilhelm Gegenfurtner seien „unglücklich wiedergegeben worden“

Ansprache

bei Mahnwache, Kundgebung, Gebet des Aktionsbündnisses „Laienapostolat Regensburg" am Samstag, 26. November 2005, 11.55 Uhr am Domplatz Regensburg im Anschluss an die Auflösung des Diözesanrats und der Dekanatsräte sowie dem Entzug der Grundlage für die bisherige Pfarrgemeinderatsarbeit

Sehr geehrte Damen und Herren, liebe Schwestern und Brüder!

Die Ereignisse der letzten Wochen, insbesondere aber seit dem 15. November, haben in unserer Diözese und darüber hinaus – in Bayern und Deutschland – einen Sturm der Entrüstung ausgelöst. Über die Köpfe aller Betroffenen hinweg wurden der Diözesanrat und 33 Dekanatsräte aufgehoben, an deren Stelle neue Gremien angeordnet und für die über 700 Pfarrgemeinderäte in unserer Diözese wurden einschneidende und beschneidende Maßnahmen verordnet. Uns wurde und wird dafür keine schlüssige Begründung genannt.

Ich erinnere an die Worte von Kardinal Friedrich Wetter, dem Vorsitzenden der Bayerischen Bischofskonferenz. Er hat gesagt, dass von Bischof Gerhard Ludwig Müller bei der Bischofskonferenz kein Grund vortragen worden sei, nachdem die bisherigen Satzungen nicht der Lehre der Kirche oder der kirchlichen Ordnung entsprechen würden. Wenn also die bisherigen Satzungen der Ordnung der Kirche entsprachen, warum wurden sie dann komplett verändert?

Manchmal wird ein persönlicher Konflikt zwischen dem Bischof und mir konstruiert und als Auslöser hingestellt. Das kann aber nicht gelten, denn andererseits wird gesagt, nach 30 Jahren sei eine Modernisierung notwendig. Diese Begründung ist aber wiederum auch nicht zu verstehen, weil erst vor vier Jahren Bischof Manfred Müller nach einem intensiven Dialogprozess zwischen Diözesanleitung und Diözesanrat für alle Ebenen – Pfarrgemeinderat, Dekanatsrat und Diözesanrat – neue Satzungen in Kraft gesetzt hat. Es handelte sich um moderne und in die Zukunft weisende Satzungen. Es ist deshalb leicht zu verstehen, wenn Bischof Manfred öffentlich im Radio erklärt, dass er in der derzeit von der Diözesanleitung geführten Argumentation eine persönliche Beleidigung sieht.

Die Pfarrgemeinderäte hat es besonders hart getroffen. Allerdings ist das bisher offensichtlich noch nicht so bekannt geworden. Ihnen wurden im Grunde alle ihre bisherigen Aufgaben im Rahmen der Mitverantwortung genommen. Der Herr Bischof hat bei der Pressekonferenz selbst erklärt, dass es bisher keine nennenswerten Probleme in der Zusammenarbeit zwischen Priestern und Laien auf der Pfarrebene gegeben hat. Doch schon ab morgen, dem 1. Adventsonntag, können die Pfarrgemeinderäte nicht mehr selbst bestimmen, z. B. wann und wo ein Wahllokal für die Pfarrgemeinderatswahl eingerichtet wird. Der Katalog an Aufgaben zur selbstständigen Entscheidung ist ganz aus der Satzung gestrichen worden.

Ab morgen, Sonntag, muss der Pfarrer den Vorsitz im Pfarrgemeinderat übernehmen. Gestandene Frauen und Männer, die Mitglieder der Pfarrgemeinderäte, die bisher mit ihrem Pfarrer immer gut zusammengearbeitet haben, dürfen jetzt nur noch - in allen Angelegenheiten - dem Pfarrer Vorschläge machen, der dann allein zu entscheiden hat. In Zukunft sind die Sitzungen des Pfarrgemeinderates leider nicht mehr öffentlich. Haben wir etwas zu verbergen? Ist der Glaube nicht eine öffentliche Angelegenheit? Leider wurde uns auch für diese Änderungen keine schlüssige Antwort genannt! Kardinal Karl Lehmann hat vor laufender Fernsehkamera erklärt, dass er darin einen „echten Rückschritt“ sieht. Und, verehrte

Christen, auch wir sehen das so, und deshalb haben wir uns heute hier versammelt.

Wir möchten, dass die Kirche Jesu Christi auch in unserem Land die In-Kulturation weiterführt. Dass die Kirche diese unsere Gesellschaft mitprägt und an ihrem Leben teilnimmt. Und da sieht es eben so aus, dass wir, sie alle, Frauen und Männer, Junge und Alte, in ihrem täglichen Leben die Frau und den Mann stehen: in der Familie, im Beruf, in Ehrenämtern, in Gesellschaft und Politik. Diese Frauen und Männer sollen in der katholischen Kirche von Regensburg nur noch Vorschläge machen dürfen und auch kleinste Angelegenheiten dem Pfarrer überlassen müssen. Wo bleibt da der Grundsatz von „Eigenverantwortung und Solidarität"?

Die Pfarrer werden immer weniger. Und jetzt haben sie aufgrund dieser zusätzlich verordneten Verwaltungsaufgaben dann noch weniger Zeit, um möglichst viele Laien zu aktivieren und zu motivieren und außerdem Kranke zu besuchen, Sterbende zu begleiten, Trauernde zu trösten, Kinder zu fördern und Familien zu begleiten. Es wundert mich nicht und ich bin froh, dass sich einige der Pfarrer wenigstens schon andeutungsweise trauen zu sagen, dass sie von dieser so genannten Modernisierung nichts halten. Die meisten allerdings verhalten sich ruhig, weil sie die Sanktionen fürchten, die mancher schon erdulden musste.

Aus allen Teilen der Diözese höre und lese ich die Enttäuschung der Ehrenamtlichen. Ich höre und lese, wie sie sich abwenden von der Mitarbeit und ich höre und lese die Demotivation. Frauen und Männer mit oft jahrzehntelangem Engagement hätten sich das Ende ihrer ehrenamtlichen Arbeit anders vorgestellt – und ich auch, der ich 23 Jahre mit Begeisterung Vorsitzender eines Pfarrgemeinderates bin.

Wir rufen deshalb den Herrn Bischof an dieser Stelle auf: Korrigieren sie ihre Entscheidungen. Zeigen sie ihren Respekt den Menschen gegenüber, in dem sie Verantwortung und Mitverantwortung zulassen. Trauen sie den Pfarrern und den Pfarrangehörigen wieder mehr zu! Vertrauen sie auf deren guten Willen und auf deren Verantwortungsbewusstsein!

Den Dekanatsräten hat man keine Chance gelassen. Noch vor vier Jahren hieß es groß angekündigt, dass diese mittlere Ebene als Scharnier zwischen Pfarrei und Diözese an Bedeutung gewinne. In vielen der 33 Dekanatsräte wurden vorbildhaft solche Versuche der koordinierenden Zusammenarbeit unternommen. Und vieles ist gelungen. Dies wurde zuletzt bei der Konferenz der Dekanatsratsvorsitzenden Anfang Juli überdeutlich. Diese Konferenz wollte man uns verbieten. Warum? Vielleicht, weil die Auflösung der Dekanatsräte bereits beschlossene Sache war und unsere gute Arbeit nicht mehr öffentlich werden sollte. Wohl deshalb auch wurde angeordnet, dass ein Bericht über diese Konferenz aus dem Internet genommen werden musste. Die bisher ehrenamtlich von Dekanatsratsvorsitzenden erledigte Arbeit lastet jetzt auf den Dekanen oder auf hauptamtlichen Laien. Ist das die Zukunft der Kirche? Kann sich das die Kirche auf Dauer leisten?

Ich glaube nicht, und deshalb rufe ich an dieser Stelle den Herrn Bischof auf: Korrigieren sie ihre Entscheidung. Trauen sie den Dekanen und den engagierten Ehrenamtlichen in den Dekanaten wieder mehr zu! Vertrauen sie wieder mehr auf deren Kompetenz, die sie aus dem Leben nach christlichen Werten erworben haben!

Der Diözesanrat in seiner jetzigen Gestalt hatte zwei Ebenen. Er war in erster Linie „Katholikenrat“ nach den Vorstellungen des Konzils mit dem Ziel, die Anliegen der Katholiken der Diözese in die Welt einzubringen. Außerdem hat er teilweise Aufgaben eines „Pastoralrates“ zur Beratung des Bischofs übernommen, weil ein solcher bisher gefehlt hat. Wir haben uns immer für die Gründung dieses „Pastoralrates“

ausgesprochen. Allerdings nach den Vereinbarungen von Bischöfen und Laien vor 30 Jahren bei der Gemeinsamen Synode aller Bistümer in Würzburg. Dort wurde festgelegt, dass mehr als die Hälfte der Mitglieder dieses Pastoralrates gewählt werden müssen. Und das ist ganz anders, als es jetzt bei uns werden soll, wo alle Mitglieder nur berufen werden. Ganz offensichtlich traut die Kirche von Regensburg dem gläubigen Volk nicht mehr zu, die richtigen Frauen und Männer in solche Gremien zu wählen.

Wir rufen deshalb den Herrn Bischof an dieser Stelle zu: Korrigieren sie ihre Entscheidung. Trauen sie dem gläubigen Volk Gottes zu, dass es auch in die oberen Gremien die richtigen Mitglieder wählt. Vertrauen sie darauf, dass das gläubige Volk Gottes in seiner Mehrheit nicht irren kann, wie es in der dogmatischen Konstitution LUMEN GENTIUM des II. Vatikanischen Konzils heißt. Respektieren sie die Beschlüsse der Würzburger Synode und gefährden sie nicht die Einheit der Kirche durch einen Alleingang an dieser und an anderen Stellen!

Anstelle des Diözesanrates als „Katholikenrat" soll ein Diözesankomitee gebildet werden. An den Vorbereitungen wurden die betroffenen Laien nicht beteiligt. Bei allen Fragen, die den Katholikenrat betreffen, ist das im kirchlichen Gesetzbuch verbriefte Vereinigungsrecht der Laien betroffen. Die Gründung eines Katholikenrats entzieht sich damit dem Bischof und den Hirten. Deshalb auch stehen wir auf dem Standpunkt, dass unser Diözesanrat in seiner Gestalt als „Katholikenrat" weiterhin besteht. Deshalb werden wir uns am 10. Dezember zu einer außerordentlichen Vollversammlung treffen. Gleichwohl ist uns bewusst, dass unsere Möglichkeiten begrenzt sind, wenn Geld als Machtmittel eingesetzt und für unsere Arbeit nicht mehr zur Verfügung gestellt wird. Im neuen Diözesankomitee sollen nur die Verbände und geistlichen Gemeinschaften vertreten sein – nicht mehr die Vertreter der Pfarreien und Dekanate. Und bei den Verbänden soll es keine Bedeutung mehr haben, ob ein Verband 65.000 Mitglieder hat oder gerade einmal 100. Jeder Verband soll eine Stimme erhalten. Das alles geht an der Wirklichkeit vorbei und lässt die Vermutung zu, dass über solche Wege auch auf dieses Laiengremium dirigierend Einfluss genommen werden soll. Jüngst wurde behauptet, dass wir schon vor dem 15. November umfassend informiert worden wären über die Änderungen und dass mit uns immer wieder über diese Sachen gesprochen worden wäre. Es handelt sich dabei um eine Fehlinformation, die als unwahr zurückzuweisen ist. Die Erzdiözese Paderborn wurde als Beispiel für das Diözesankomitee genannt. Von dort kam sofort der Protest, weil die Regensburger Statuten mit denen aus Paderborn nur den Namen gemein hätten. Dort wurde das Statut zwei Jahre beraten und es sind z. B. auch Vertreter der gewählten Laien aus den Pfarreien über die Regionen dabei.

Wir rufen deshalb den Herrn Bischof an dieser Stelle auf: Korrigieren sie ihre Entscheidung. Trauen sie den Laien zu, die ihnen nach dem kirchlichen Vereinigungsrecht zustehende Struktur selbst zu regeln. Vertrauen sie darauf, dass sie aufgrund ihrer Taufe und Firmung mit höchster Vollmacht ausgestattete Katholiken sind, die wissen was sie tun und was sie sagen.

Das alles ist keine Anklage, verehrte Christinnen und Christen, das ist unsere Pflicht! In den Konzilsdokumenten werden wir geradezu ermuntert, in solchen Angelegenheiten freimütig und ohne Furcht, allerdings mit Respekt vor dem Amt und der Person, unsere Meinung zu sagen. Im kirchlichen Gesetzbuch CIC heißt es in § 3 des Canons 212: „Entsprechend ihrem Wissen, ihrer Zuständigkeit und ihrer hervorragenden Stellung haben sie (*Anm.: die Laien*) das Recht und bisweilen sogar die Pflicht, ihre Meinung in dem, was das Wohl der Kirche angeht, den geistlichen Hirten mitzuteilen und sie unter Wahrung der Unversehrtheit des Glaubens und der Sitten und der Ehrfurcht gegenüber den Hirten und unter Beachtung des allgemeinen Nutzens und der Würde der Personen den übrigen Gläubigen kundzutun."

Das haben wir in der Vergangenheit immer getan. Und das ist kein Übergriff ins Bischofsamt, wie in einem unsäglichen Interview behauptet wurde. Wir haben kein Problem mit dem Bischofsamt. Das erkennen wir alle voll an. Deshalb haben wir mit Bischof Dr. Rudolf Graber und Bischof Manfred Müller seit Bestehen der Gremien gut zusammengearbeitet.

Wir alle stehen auch voll zu unserer Kirche – ohne wenn und aber. Wir stehen für diese eine Kirche ein. Wir vertreten nicht eine „Zwei-Säulen-Theorie", wie uns da und dort angedichtet wird. Nein, liebe Mitchristen, für uns gehören Priester und Laien zu der einen Kirche Jesu Christi. Und wir stehen dazu, wie die Kirche in Nr. 8 von LUMEN GENTIUM beschrieben wird, dass sie nämlich eine komplexe Wirklichkeit ist, „die aus menschlichen und göttlichen Elementen zusammenwächst". Sehen sie, unsere Mahnungen und unsere Aufforderung richten sich nicht an das göttliche Element, wohl aber an das menschliche und damit fehlbare Element. Wir Menschen sind alle schwach und da kann sich niemand ausnehmen.

Wir erkennen auch an, dass die Kirche keine Demokratie ist. Sie ist hierarchisch strukturiert – mit demokratischen Elementen. Unser erster Zeuge dafür ist der jetzige Papst Benedikt XVI., der ein Büchlein mitverfasst hat mit dem Titel „ Demokratie in der Kirche – Möglichkeiten, Grenzen, Gefahren". Der Heilige Vater erinnert auch an Bischof Cyprian v. Karthago (um 200 bis 258 n. Chr.), der den Grundsatz formulierte: *Nichts ohne den Bischof, nichts ohne das Presbyterium (die Priester), nichts ohne Zustimmung des Volkes*. Das ist das klassische Modell der kirchlichen Demokratie. Die Kirche ist damit die älteste Demokratie der Welt, sagt dazu unser ehemaliger Kultusminister Prof. Dr. Hans Maier. Das II. Vatikanische Konzil hat diesen Gedanken in der dogmatischen Konstitution LUMEN GENTIUM aufgriffen, wo in Nr. 12 steht: „Die Gesamtheit der Gläubigen, welche die Salbung von dem Heiligen haben, kann im Glauben nicht irren. Und diese ihre besondere Eigenschaft macht sie durch übernatürlichen Glaubenssinn des ganzen Volkes dann kund, wenn sie von den Bischöfen bis zu den letzten gläubigen Laien ihre allgemeine Übereinstimmung in Sachen des Glaubens und der Sitten äußert".

Wir rufen deshalb den Herrn Bischof an dieser Stelle auf: Korrigieren sie ihre Entscheidungen, weil diese nicht die Zustimmung des Volkes gefunden haben. Trauen sie dem gläubigen Volk Gottes etwas zu. Ermöglichen sie Beteiligung, Anhörung der Gläubigen. Treffen sie nicht Entscheidungen über das gläubige Volks Gottes hinweg, sondern werben sie vorher darum, versuchen sie verständlich zu machen und nehmen sie damit die ihnen anvertrauten Menschen ernst!

Wir sind heute auch zur Mahnung zusammengekommen. Wir mahnen in der Diözese Regensburg an: Respekt gegenüber allen Menschen, auch den ehrenamtlich in der Kirche tätigen Frauen und Männern, Dialogbereitschaft als Fundament für gutes Verstehen, Mitwirkungs-, Beteiligungs- und Anhörungs- sowie Informationsrechte, wie sie in unserer Gesellschaft erwartet werden können, Redlichkeit und Fairness in der Argumentation und Information, Gerechtigkeit mit Worten und Werken, Schadensbegrenzung durch Rücknahme der Entscheidungen ohne Bedingungen, Einheit in der Diözese, die durch die Entscheidungen vom 15. November bereits brüchig zu werden droht, Bewahrung der Einheit in der Bayerischen Bischofskonferenz und der Deutschen Katholischen Bischofskonferenz, denn die Satzungen aller diözesanen Katholikenräte beruhen nach einmütiger Übereinkunft auf den Beschlüssen der Würzburger Synode, Achtung und Ehrfurcht vor dem persönlichen Glauben eines jeden Christen, Reden und Handlungen, welche die Christen in der Urkirche unverwechselbar machten und zum bewundernden Urteil führten: „seht wie sie einander lieben".

Wir erleben in diesen Tagen sehr große Solidarität, Anerkennung für unser besonnenes Verhalten und unseren sachlichen Ton, viel Mitgefühl aus ganz Deutschland, Empörung auf allen Ebenen.

Trotz allem, was uns widerfährt: Ich wiederhole gerne, dass wir keinen Groll gegen die Kirche haben. Wir lieben unsere Kirche nach wie vor, weil sie nicht von einem Bischof oder von einer Diözesanleitung abhängt. Nein, sie ist auf Jesus Christus gebaut: Er ist unsere Stärke, er ist unsere Hoffnung, er ist unsere Zuversicht – er allein ist der Herr! Gestern habe ich beim Gospelkonzert gehört: Jesus liebt uns und wir glauben an ihn. Und deshalb unsere Bitten: Bleiben wir alle unserer Kirche treu! Niemand soll austreten, sondern auftreten, wie das Papst Johannes Paul II. gesagt hat. Zweifeln wir nicht an unserem Glauben! Christus dürfen wir aufgrund einer solchen Situation nicht in Frage stellen. Erkennen wir auch weiterhin das Evangelium als die beste Nachricht, welche die Menschheit kennt! Denn unser Glaube und unsere Kirche ermöglichen Lebenskompetenz aus den christlichen Werten heraus. Arbeiten wir mit ihren Pfarrern vor Ort auch in Zukunft gut zusammen! Denn die allermeisten von ihnen können nichts dafür und es tut ihnen Leid, dass alles so gekommen ist. Bleiben wir stark – in Glaube, Hoffnung und Liebe! Stehen wir zusammen, was immer auch kommen mag! Zeigen wir Mut und denken wir dabei an den seligen Adolph Kolping, der gesagt hat: „Wer Mut zeigt, der macht Mut!". Alles Gute ihnen allen – behüt' sie Gott!

Bericht

bei der außerordentlichen Vollversammlung des Diözesanrats/Katholikenrats in der Diözese Regensburg am Samstag, 10. Dezember 2005 in der Gaststätte „Andechser am Dom"

Sehr geehrte Damen und Herren, liebe Freunde, heute ist nicht ein Tag des Zorns, sondern eher ein Tag der Trauer. Heute ist nicht ein Tag der Trübsal, sondern eher ein Tag der Genugtuung. Heute ist nicht ein Tag der Resignation, sondern eher ein Tag der Ermunterung.

Nicht ein Scherbenhaufen liegt vor uns, sondern vor uns steht ein hohes Gebäude engagierter Arbeit und außerordentlich großem ehrenamtlichen Einsatzes!

Was uns, dem Diözesanrat, den Dekanatsräten und den Pfarrgemeinderäten, tausenden von Frauen und Männern, in der Diözese Regensburg in den letzten Wochen widerfahren ist, das hat viele Menschen erschüttert, empört, betroffen und traurig gemacht. Unzählige Briefe, e-Mails und Telefonate geben davon Zeugnis. Lebenswerke ehrenamtlicher Frauen und Männer sind zusammengebrochen. Pfarrgemeinden sind aufgewühlt und gespalten worden. Aktivitäten in Dekanaten und Dekanatsräten jäh abgewürgt. Der Diözesanrat wie auch die 33 Dekanatsräte aufgelöst. Nach wie vor ist für all diese Maßnahmen eine schlüssige Begründung ausgeblieben.

Schlagworte werden in den Raum gestellt: Modernisierung nach 30 Jahren sei notwendig. Wer dies nicht sehe, hänge traditionalistischen Vorstellungen an. Theologische Präzisierungen würden die ganzen Maßnahmen bedeuten, wird uns vorgemacht. Es sei ja alles nicht so schlimm, und, selbstverständlich, die Laien und ihre Arbeit seien sehr wichtig. Neuevangelisierung heißt ein anderes Schlagwort – und gemeint ist die Zerstörung gewachsener und bewährter Zusammenarbeit und Strukturen. Auch ich habe mittlerweile so einen Brief erhalten, in dem von wertvoller Arbeit die Rede ist. Für mich klingt das sehr hohl. Ohne Beteiligung, ohne Anhörung, ja sogar ohne jede Information und Ankündigung, obwohl das jetzt teilweise anders dargestellt wird, wurde alles über Bord geworfen, was in den letzten über dreißig Jahren in der Diözese Regensburg gewachsen ist. Menschen müssen nach und nach erkennen, dass sie nicht mehr gebraucht werden, nicht mehr erwünscht sind – auch und vor allem wir nicht.

Die Reaktionen sind zum Teil sehr heftig, und zwar in der ganzen Diözese. Pfarrgemeinderäte oder deren Vorsitzende treten zurück, von Hahnbach, Teugn, Lengfeld, Barbing, Burgweinting, Straubing, ...um nur einige zu nennen. Briefe an den Bischof oder an die Diözesanleitung mit besorgten Fragen werden mit 08/15-Formblatt beantwortet. Es bestehe ein Informationsdefizit, ist jetzt der bischöfliche Pressesprecher draufgekommen. Diese Erkenntnis kommt wohl etwas spät – zu spät!
Zu den Änderungen im Einzelnen:

Pfarrgemeinderäte

Das wahre Ausmaß der radikalen Änderungen, besonders bei den Pfarrgemeinderäten, wird nach wie vor verschleiert. Zuletzt geschehen mit dem Hirtenwort vom letzten Sonntag. Es gibt keine einzige Aufgabe mehr, welche vom Pfarrgemeinderat entschieden wird. Alles entscheidet in Zukunft der Pfarrer. Die Mitglieder des Pfarrgemeinderates haben nur noch ein Beratungs-„Votum“. Der Pfarrer ist der neue Vorsitzende – kraft Amtes. Es würde sich im Innenverhältnis nichts ändern, wird der staunenden Öffentlichkeit vorgemacht. Der Laie bliebe so Vorsitzender des Gremiums. Warum ist dann die Änderung überhaupt notwendig geworden? Die Pfarrgemeinderäte hätten bisher ihre Arbeit durchwegs gut gemacht, wird uns erzählt. Warum haben die Frauen und Männer in den Pfarrgemeinderäten dann jetzt nichts mehr zu sagen? Im Hirtenwort wird klar: Der Pfarrgemeinderat darf beraten und arbeiten. Wirklich zu sagen hat er nichts. Die Entscheidung liegt allein beim Pfarrer. Das letzte allerdings wird verschwiegen. Das Ziel all dieser Maßnahmen ist klar: Die Pfarrer werden in die Pflicht genommen. Über sie kann der Bischof jetzt bis zum kleinsten Gläubigen durchgreifen, wenn er diesem unterstellt, er würde nicht der Lehre der Kirche entsprechen.

Den Pfarrern wird aufgetragen, jeden einzelnen Kandidaten für die Pfarrgemeinderatswahl genau zu prüfen. Ob sein Leben dem Vorbildcharakter des Pfarrgemeinderates entspreche und ob es der Lehre der Kirche entspreche.

Verehrte Damen und Herren, liebe Freunde! Wer von uns kann diesen Vorbildsanspruch erfüllen? Wer von uns kann behaupten, dass er ohne Fehl und Tadel sei. „Wer von euch ohne Sünde ist, der werfe den ersten Stein", hat Christus die Heuchler aufgefordert, die sich hingestellt hatten und die Ehebrecherin verurteilten. Wer von uns könnte den ersten Stein werfen? Wer von denen, welche diese Satzungsbestimmungen erdacht haben, könnte den ersten Stein werfen? Wir alle sind schwache und sündige Menschen und bedürfen deshalb immer wieder des Erbarmens Gottes. Dass wir mit diesem Erbarmen des barmherzigen Gottes rechnen dürfen, ist ein wichtiger Halt unseres Glaubens. Um wie viel mehr müssten wir eigentlich mit der Einsicht und der Nachsicht eines Bischofs rechnen können?

Gerade die Pfarrgemeinderats-Statuten sind Dokumente der Ausgrenzung und der Abgrenzung. Nichts ist mehr zu spüren und zu lesen von „Zieh den Kreis nicht zu klein", wie das beim Diözesanforum vor zehn Jahren formuliert worden war.

Heute zählt in der Diözese nicht ein vertrauensvoller Umgang, sondern es herrscht Misstrauen in vielen Orten, in vielen Gebäuden, in vielen Winkeln. „Man kann heute nicht einmal mehr einem Mitbruder trauen!“, sagte kürzlich erst ein Pfarrer zu mir. Das Denunziantentum feiert fröhliche Urstände. Ja, liebe Freunde, es herrscht ein Klima der Angst – der Angst um die berufliche und persönliche Existenz. Denn niemand ist vor der Kündigung oder vor Gehaltskürzungen sicher. Wer kann sich das schon leisten, z. B. als Familienvater?

Ich darf noch den Gesamtpfarrgemeinderat als Teilaspekt herausgreifen. Wir haben bei der intensiven Satzungsberatung vor fünf Jahren das Thema Seelsorgeeinheiten ausführlich und intensiv diskutiert. Nach dem Grundsatz, die Kirche im Dorf zu lassen, hatten für uns die Pfarrgemeinderäte in jeder einzelnen Pfarrei den Vorrang vor einem Gesamtpfarrgemeinderat. Wo aber ein Gesamtpfarrgemeinderat aufgrund einmütigen Votums gewünscht wurde, dort war er auch möglich. Unsere Absicht war, und diese ist von Bischof Manfred Müller und von Generalvikar Dr. Gegenfurtner voll mitgetragen worden, dass möglichst viele Strukturen in den Gemeinden erhalten bleiben sollten. Heute ist der Gesamtpfarrgemeinderat die Regel. Und damit wird in Kauf genommen, dass nicht mehr so viele ehrenamtliche Leute gebraucht werden, die sich dann eben zurückziehen. Auch daran wird deutlich, dass die jetzigen Satzungsmacher Theoretiker sind.

Dekanatsräte

Die Dekanatsräte sind gänzlich abgeschafft worden. An diesem Gremium ist erkennbar, dass die Abschaffung von langer Hand geplant war. Regionaldekane und Dekane wurden in offiziellen Presseorganen der Diözese als Ratgeber genannt. Sie hätten festgestellt, dass die Dekanatsräte „eher weniger effektiv“ gearbeitet hätten. Im persönlichen Gespräch mit Regionaldekanen und Dekanen sah die Sache schon wieder ganz anders aus. Die einen erklärten, das sei anders gewesen als öffentlich erklärt und die anderen bestanden darauf, dass sie gar nicht beteiligt gewesen seien. Lassen sie mich bitte hier einfügen, dass gerade an diesem Beispiel der flexible Umgang mit der Wahrheit deutlich wird, der bei manch anderen Veröffentlichungen ebenfalls zu beobachten ist. Jedenfalls, verehrte Damen und Herren, war noch vor vier Jahren von einer gestiegenen Bedeutung der Dekanatsräte die Rede. Sie sollten eine Scharnier- und Koordinierungsfunktion zur Unterstützung der Pfarreien und Seelsorgeeinheiten einnehmen. Dass dies gut gelingen konnte, dafür gibt es viele Beispiele. Diese reichen von Kursen für Tischeltern bis zur Ehebegleitung und Gemeindecaritas.

Den Dekanatsräten hat man keine Chance gelassen. Die vielen aufkeimenden Pflänzchen und die bereits ausgewachsenen Aktivitäten sowie die reifen Früchte sind nichts mehr wert. Alles wird in Frage gestellt, wahrscheinlich vieles aufgegeben. Dekane und Hauptamtliche sollen jetzt die Arbeit machen. Das Geld dafür wird da sein. Doch eigentlich können wir uns angesichts finanzieller Probleme gar nicht leisten, dass wir Ehrenamtliche wegschicken und Hauptamtliche für die gleichen Aufgaben bezahlen. Ich halte es für einen großen Fehler, die mittlere Ebene so zu schwächen und das ehrenamtliche Element auf dieser Ebene so zu schwächen. Die Kirche von Regensburg vergibt sich damit eine große Chance!

Diözesanrat

Liebe Schwestern und Brüder, unser Diözesanrat hatte zwei verschiedene Funktionen. Er war in erster Linie Katholikenrat im Sinne des kirchlichen Vereinigungsrechts der Laien. Und er hat – in Ermangelung eines eigenen Diözesan-Pastoralrates – auch solche Aufgaben wahrgenommen. Ich wiederhole es gerne, dass die Errichtung eines Diözesan-Pastoralrates von uns begrüßt wird. Das war nie anders. Allerdings haben wir deutlich auf die von der Gemeinsamen Synode der Bistümer Deutschlands festgelegten Verfahren hingewiesen. Und danach muss eben mindestens die Hälfte der Mitglieder gewählt werden. Bei uns sollen alle Mitglieder berufen werden. Das ist ein Punkt der Abkehr von der Würzburger Synode und damit von der seit 30 Jahren geübten Praxis der Einheit der Kirche Deutschlands.

Diözesankomitee

Die Abschaffung des Diözesanrates und die Errichtung eines Diözesankomitees halte ich nach wie vor für einen Fehler. Der alleinige Aufbau auf die Verbände widerspricht ebenfalls den Festlegungen der Würzburger Synode. Noch wichtiger aber ist, dass damit ein sehr großes Element katholischen Engagements und katholischer Laienverantwortung ausgeblendet wird, und das ist die ehrenamtliche Arbeit in den Pfarrgemeinderäten vor Ort. Lassen sie mich bitte einfügen, dass auch an diesem Beispiel deutlich wird, wie sehr die Pfarrgemeinderäte heruntergespielt werden. Trotz anders lautender Lippenbekenntnisse sollen die Pfarrgemeinderäte keine Rolle mehr spielen. Zurück zum Diözesankomitee. Es ist auch nicht sachgerecht, von jedem Verband nur ein Mitglied dorthin zu entsenden und sei der Verband noch so groß oder noch so klein. Große Verbände haben andere Kompetenzen, andere Charismen, vielfältige Aktivitäten auf vielfältigen Gebieten. Sie müssten mit einer größeren Zahl von Vertreterinnen oder Vertretern zu Wort kommen. Schließlich wird anhand des Musterstatuts deutlich, welch handwerkliche Fehler bei der Erarbeitung der Statuten gemacht worden sind. Eins wurde vorschnell in Kraft gesetzt, wichtige Sachen wurden vergessen und Regelungen gehen an der Praxis vorbei. „Namhafte Theologen und Kanonisten“ hätten die Statuten erarbeitet.

Deren Namen seien aber nicht bekannt, wurde uns am 14. November erklärt. Aus der Diözese seien der damalige Generalvikar Dr. Gegenfurtner und Domkapitular Pappenberger beteiligt gewesen. Nur soviel sei bekannt. Warum werden die „namhaften Theologen und Kanonisten" nicht genannt? Warum stellen sie sich nicht der öffentlichen Diskussion über die neuen Strukturen, die so sehr danach aussehen, dass ihre Autoren entweder nie in Gremien mitgearbeitet oder sich auch nicht für deren bisherige Arbeit im Detail interessiert haben? Da waren Theoretiker am Werk, denen ihre Theorie wichtiger zu sein scheint als die wirkliche Arbeit und das eigentliche Engagement.

Schwierige Situation

Liebe Freunde, die Situation in unserer Diözese ist aufgrund der ohne Beteiligung oder Anhörung vorgenommenen Auflösung von Gremien und der grundlegenden Änderung von Statuten sehr, sehr schwierig. Denn es ist z. B. zusätzlich auch die im kirchlichen Gesetzbuch verbriefte Informationsfreiheit in der Kirche von Regensburg in Gefahr. Trotz Beeinflussungsversuchen haben freie Journalisten nach wie vor die Möglichkeit und die Pflicht, objektiv zu berichten. Innerkirchlich laufen aber weiterhin mächtige Versuche, uns z. B. das Internet als Möglichkeit einer breiten Information über unsere Belange zu verbieten. Das ist die eine Seite.

Eine weitere Seite ist, dass die kirchlichen Gremien künftig nichtöffentlich tagen – die Pfarrgemeinderäte und das Diözesankomitee. Dabei ist gerade der Glaube und die Kirche eine Angelegenheit nicht nur privater Natur, sondern sie sind auf Öffentlichkeit, auf Zeugnis geben angelegt. Ob das hinter verschlossenen Türen geschehen kann, da habe ich ernsthafte Zweifel. Auch in diesem Punkt bleiben die Gründe für solche Regelungen in den Statuten im Dunkeln.

Viele Menschen leiden unter der derzeitigen Situation. Sie haben Zweifel, dass der derzeit mit uns gepflegte Umgang der Lehre der Kirche und unseren christlichen Werten entspricht. Und es werden ernste Zweifel laut, ob die von der Diözesanleitung gewählten Methoden wirklich Vorbildcharakter haben. Das Konzil jedenfalls sah das offensichtlich anders. Vor 44 Jahren hat Papst Johannes XXIII. erkannt und erklärt, dass sich mit Dogmen und Verboten die modernen Menschen nicht für die Kirche gewinnen lassen. Das Konzil ist sich klar geworden, dass die Einheit der Kirche nicht mit Disziplin hergestellt werden kann, sondern dass man um diese Einheit werben muss. Und schließlich übertragen in die heutige Situation: Ein Bestätigungsbrief aus Rom ersetzt nicht soziale Kompetenz und macht diese auch nicht überflüssig.

Verehrte Damen und Herren, rechtliche Fragen sind in diesem Zusammenhang sicher wichtig; das Recht ist wahrscheinlich sogar teilweise auf unserer Seite. Aber die rechtlichen Fragen sind nicht die entscheidenden. Entscheidend ist allein, wie mit den Menschen umgegangen wird. Ob sie respektiert und geachtet oder gering geschätzt und missachtet werden.

In diesem Bereich haben wir leidvolle Erfahrungen machen müssen. Darunter leiden viele Menschen. Bitte geben wir uns keiner Illusion hin. Wir hätten tun können was wir wollen. Wir hätten gut oder schlecht arbeiten können. Wir hätten uns ruhig verhalten oder uns artikulieren können wie wir wollen. Es hätten die Personen ausgewechselt werden können. Denn nach meinem Eindruck spielte das alles für die Vorgehensweise des Bischofs überhaupt keine Rolle. Von Anfang an hatte Bischof Müller diese strukturellen Änderungen hin zur so genannten Priesterkirche geplant. Das wird deutlich aus den konkreten Äußerungen. Das wird deutlich aus den Formulierungen, dass nach dreißig Jahren Änderungen notwendig seien. Und das wird mir jetzt erst deutlich, wenn ich mich an so manches erinnere. Z. B., dass der damalige Generalvikar Dr. Gegenfurtner schon vor zwei Jahren erklärt hatte, eigentlich müsste der Bischof die Sachausschüsse besetzen, der Bischof selber mir eine Nachricht über unseren Pfarrer zukommen lassen wollte und dass ich schon vor zwei Jahren aufgefordert worden war, den Sachausschuss Ökumene des Diözesanrats aufzulösen. Oder die Äußerung des Bischofs-Vertrauten Dekan Schmid vom März 2004, der Impulse gegeben hat, „die Kirche in die christlichen Spuren und volkskirchlichen Strukturen zurückzuführen" (Mittelbayerische Zeitung vom 26. März 2004). Wir sollten benutzt werden wie Marionetten, was wir aber – Gott sei Dank – nicht einfach zugelassen haben.

Liebe Freunde, ich muss unsere Arbeit und unser Bemühen nicht noch einmal im Detail darstellen. Wir haben in die Welt hinein gewirkt. Mit vielen Themen, zuletzt als Lobby für die Familien, als Anwalt der Schwachen und als Mahner beim Lebensschutz und bei der Genforschung. Diese Leistungen sind unauslöschlich. Sie alle haben ausgezeichnete Arbeit geleistet! Wir haben die christlichen Werte in die Gesellschaft und Politik hineingetragen. Wir haben öffentlich getagt, weil diese wichtige Arbeit nicht hinter verschlossenen Türen erfolgen kann.

Für mich ist noch sehr wichtig, dass wir uns bei der Klausurtagung im März eine ausgezeichnete Perspektive gegeben haben. Wir haben uns Themen und Handlungsfelder vorgenommen, die exakt unserem Auftrag insgesamt entsprochen haben. Es handelt sich um den Einsatz für die Familien, insbesondere derer mit Kindern, um das Bemühen für eine gerechtere Welt, um mehr Spiritualität in unserem Leben, um die Stellung der Frau in unserer Gesellschaft und in anderen Teilen der Erde. Andere können darauf hervorragend aufbauen – wenn sie nur wollen. Leider muss ich ihnen sagen, dass sich der Herr Bischof beim Gespräch am 5. April 2005 im Grunde kaum für diese Themen und für unsere Arbeit interessiert hat. Wir wollten ihm die Ergebnisse unserer Klausurtagung vorstellen. Er aber hatte nur im Kopf, wer es ihm böse meint und wie Leute ausgegrenzt werden können. Das mag sehr hart klingen, aber leider haben wir das so erleben müssen. Schließlich darf ich ihnen berichten, dass eine kleine Gruppe aus dem Sachausschuss Mission-Entwicklung-Frieden-Bewahrung der Schöpfung vor vier Wochen in der Partnerdiözese Nyeri in Kenia war. Ich durfte dabei sein und erleben, wie junge Kirchen sich Strukturen aufbauen, die viele Menschen einbeziehen.

Auch wenn man auf uns Heerscharen von hoch bezahlten Hauptamtlichen, Rechtsanwaltskanzleien aus Regensburg und München angesetzt hat, um uns Ehrenamtliche klein zu reden, so leicht sind wir nicht klein zu kriegen. Wir lassen uns nicht so einfach wegschicken. Niemand kann über einen anderen Menschen so rigoros verfügen. Wir sind und bleiben selbstbewusste Katholikinnen und Katholiken, gläubige und treue Katholikinnen und Katholiken und wir lassen uns nicht einreden, unsere Arbeit sei nichts wert gewesen.

Und wir lassen uns nicht einreden, dass wir eine „Zwei-Säulen-Theorie“ in unserer Kirche wollten, oder dass es einen „Übergriff ins Bischofsamt“ gegeben habe, oder dass wir kirchenfeindlich seien. All diese Vorwürfe sind unbegründet und unberechtigt. Sie haben aber eine Wirkung und das ist die Demotivierung. Wir dürfen gespannt sein, wie viele Frauen und Männer unserer Diözese am 12. März 2006 noch zur Wahl stehen werden und wie sich das auf die Wahlbeteiligung auswirken wird. Es wird wie eine schallende Ohrfeige empfunden, wenn die über lange Zeit von den Bischöfen anerkannte Form des ehrenamtlichen Engagements plötzlich als nicht mehr mit der Lehre der Kirche vereinbar abqualifiziert wird.

Dank

Ich danke an dieser Stelle allen, die in den dreieinhalb Jahrzehnten im Diözesanrat mitgedacht, mitberaten und Verantwortung getragen haben. Ich denke zuerst an die bisherigen Vorsitzenden Leo Mergel, Valentin Graf Ballestrem und Franz Spichtinger. Ich denke an hunderte von Frauen und Männern aus allen Teilen unserer Diözese, aus den Dekanaten und Pfarreien sowie aus den großen und kleinen Verbänden und Organisationen. Ich denke an die Vorsitzenden und vielen Mitglieder der Sachausschüsse, die sich - ohne dass sie jemals öffentlich in Erscheinung getreten wären - eingesetzt, ja aufgeopfert haben, im Dienst für die Kirche und die Mitmenschen. In den letzten Tagen wurde manchmal die Befürchtung geäußert, dass das viele Gute künftig einfach unbeachtet bleibt. Ich denke an die geistlichen Beiräte und bischöflichen Beauftragten, mit denen wir gut und gerne zusammengearbeitet haben. Schließlich darf ich herzlich danken, ihnen verehrter Herr Präsident Prof. Dr. Meyer und ihren Mitarbeiterinnen und Mitarbeitern vom ZdK für die jederzeitige Unterstützung und Begleitung während der letzten Monate und Jahre, und da gerade in schwierigen Zeiten. Der gleiche Dank gilt ihnen, verehrter Herr Mangold sowie ihren Mitarbeiterinnen und Mitarbeitern der Geschäftsstelle des Landeskomitees für den Beistand und die Hilfen.

Schwere Lasten haben besonders die Mitglieder des Vorstandes und des Hauptausschusses getragen. Nicht erst in den letzten Wochen und Monaten, sondern spätestens seit Ende März 2003. Danke euch und ihnen allen für die konstruktive Solidarität und das Verstehen. Es ist nicht selbstverständlich, liebe Freunde, dass wir uns angesichts schwierigster Umstände, Umstände, die bislang in ihren Handlungen und Ergebnissen einmalig sind in Deutschland, persönlich nicht zerstritten haben, sondern ganz im christlichen Geist unseren Umgang freundschaftlich gepflegt haben und pflegen.

Bitte lassen sie mich auch all denen danken, die sich solidarisch gezeigt haben. Wir und ich haben große Solidarität in Briefen, E-Mails und Faxen erhalten aus ganz Deutschland. Und wir haben erleben dürfen, dass hunderte von Menschen auf die Straße gehen und damit bekunden, dass sie mit dem nicht einverstanden sind, was derzeit von der Diözesanleitung vollzogen wird. Bitte bedenken sie dabei, dass katholische Menschen - und noch dazu in unserem Landstrich - nicht gleich demonstrieren. Umso höher ist die Bedeutung des 26. November einzuschätzen.

Zum Schluss darf ich noch ein persönliches Bekenntnis ablegen. Zeit meines Lebens hat meine Freizeit dem Einsatz für den Glauben und der Kirche gehört. Beginnend bei der Ministrantenzeit über die Zeit als Jugendleiter, Kolping-Vorsitzender, bis hin zu fast 24 Jahren Vorsitz im Pfarrgemeinderat, Dekanatsrat und seit über 20 Jahren als Mitglied im Diözesanrat. Nein, verehrte Damen und Herren, so habe ich mir meinen Abgang nicht vorgestellt. Aber ich sage ihnen: So wie ihn sich andere vorgestellt haben, wird er auch nicht erfolgen! Wir haben Grund genug dem Herrgott dankbar zu sein für die Kraft, die Kreativität, den Mut und die Zeit, die er uns geschenkt hat, um uns für unsere geliebte Kirche einzusetzen. Wir haben unsere Talente nicht vergraben, sondern wir haben sie gepflegt, genährt und zur Blüte gebracht. Das ist das Entscheidende, dass wir unsere Pflicht - und mehr als unsere Pflicht - getan haben. Dass nicht alles optimal gelaufen ist, das liegt an unserer menschlichen Schwachheit. Doch diese grundsätzliche Freude und dieses grundsätzliche Bewusstsein, dass wir unseren Beitrag für die Kirche von heute und für die Kirche der Zukunft geleistet haben, das lassen wir uns nicht nehmen. Und deshalb, liebe Freunde, lassen wir uns auch nicht so einfach wegschicken, sondern deshalb treffen wir uns heute und wir zeigen damit, dass uns die Kirche wichtig ist, und dass unser Glaube das Fundament unseres Lebens ist.

(Bei dieser Versammlung wurden einstimmig „Feststellungen" beschlossen, die als Anhang 2 abgedruckt sind.)

Anhang 1
Brief vom Karfreitag 2003 an den damaligen Kurienkardinal Joseph Ratzinger *(vorausgegangen war die unbegründete Entlassung des damaligen Deggendorfer Dekanatsratsvorsitzenden Prof. Dr. Johannes Grabmeier und die Weigerung von Bischof Dr. Müller, mit dem Vorstand des Diözesanrats über dieses Thema zu reden)*

Betr.: Unfrieden herrscht am Osterfest 2003 in der Kirche von Regensburg

Sehr geehrter Herr Kardinal, ich hatte Sie mit einem Brief vom 2. Januar 2002 gebeten sich dafür einzusetzen, dass wir in Regensburg einen neuen Bischof bekommen, der u. a. nicht nur Strenge, sondern auch Güte und Barmherzigkeit lebt.

Mit der Ernennung von Prof. Dr. Gerhard Ludwig Müller zum neuen Bischof von Regensburg sind die wildesten Gerüchte einhergegangen. Genau das Gegenteil sei er, nämlich unerfahren in der Seelsorge, dazu eigensinnig, wurde von vielen behauptet, die ihn näher gekannt haben. Wir – viele Gläubige, die in Gremien wie im Pfarrgemeinderat, Dekanatsrat und Diözesanrat bei der Seelsorge mithelfen – haben uns vorgenommen, dass wir unserem neuen Bischof voll Vertrauen und Hoffnung begegnen wollen. Nein, wir wollten keine dieser Meinung als Vorurteil übernehmen.

Doch schon nach wenigen Monaten herrscht in unserer Diözese Unfrieden, der alles andere als dem entspricht, was an Ostern verkündigt wird. Da ist nichts von Liebe und Güte zu spüren. Alles geht den Weg der Dogmatik und des Verstandes. Das Herz bleibt außen vor. Es hat bei einem Hochschullehrer wohl den rechten Fleck verloren.

Unser neuer Bischof schreibt viel, predigt viel – spricht aber nicht mit den Menschen. Und wenn er spricht, dann sind das meistens Monologe. Einen Dialog gibt es selten. Das ist es auch, was ihm die Menschen im „Fall Grabmeier“ vorwerfen. „Warum redet er nicht mit diesem Menschen?“, fragen sich die Leute seit rund zwei Wochen. Die Rechtfertigungserklärungen werden immer länger, immer häufiger werden irgendwelche Gründe nachgeschoben, der Ton wird immer unversöhnlicher. Ja, in welcher Kirche leben wir denn? Hat denn unser Herr Jesus immer Bedingungen gestellt, bevor er mit den Menschen geredet hat? Wohl nicht, denn gerade mit denjenigen hat er Kontakt aufgenommen, die nicht besonders viel von ihm wissen wollten. So eine Größe müssen (ja, müssen) auch die Nachfolger der Apostel aufweisen, denn sonst sind sie nicht würdig.

Verehrter Herr Kardinal, ich weiß nicht, ob es unter Bischöfen offene Worte gibt. In einer Familie muss es die geben und ich lebe in einer solchen mit meiner Frau, meinen 4 Kindern, meinem 88-jährigen Vater und einem Enkelkind. Wenn es in der Kirche ehrliche und offene Worte gibt, dann bitte ich Sie sehr herzlich, ein offenes Wort mit unserem neuen Bischof zu sprechen.

Wir möchten ihm so gerne folgen. Er soll uns Vorbild sein in der Liebe, Güte, Barmherzigkeit und Treue, wie dies unser Herr Jesus vorgelebt hat. Dazu braucht es keine große Dogmatik. Und das alles mag untheologisch sein, was ich schreibe. Es entspringt allein dem, was mir gute Eltern und Pfarrer, gute Lehrer und Freunde in der allgemeinbildenden Schule und in der Schule des Lebens beigebracht haben. Und ich bin froh über diesen Glauben. Der macht mich sicher. Und der macht mich hoffentlich gütig und barmherzig. Das gelingt nicht immer. Aber solche Situationen, wie ich sie in den letzten beiden Wochen vor allem beim Lesen im Internet und im Bistumsblatt von Regensburg vorfinde, möchte ich für mein Leben gern verhindern.

Ein ehemaliger Kollege unseres Bischofs hat das geschrieben: „Wer ihn als Kollegen kennen gelernt hat, der musste - über kurz oder lang - mit Ähnlichem rechnen. Es hat nicht so lang gedauert. Und seien Sie überzeugt: das ist erst der Anfang!".

Bitte helfen Sie mit, dass es nicht so weit kommt. Ich wünsche Ihnen ein frohes und gesegnetes Osterfest.

Fritz Wallner
Pfarrgemeinderats-Vorsitzender

Anhang 2

Feststellungen

(Einstimmig beschlossen bei der außerordentlichen Vollversammlung des Diözesanrats/Katholikenrats in der Diözese Regensburg am 10. Dezember 2005)

1. Grundsätzliches

1.1. Der Diözesanrat der Katholiken im Bistum Regensburg stand seit seiner Gründung im Jahre 1968 und steht bis heute treu zur Lehre der Kirche und zur kirchlichen Ordnung. Er hat sich immer als Teil der einen Kirche verstanden, deren Haupt Christus der Herr ist.

1.2. Hunderte von Frauen und Männern, junge und alte Menschen, haben sich im Diözesanrat nach Kräften für die Kirche engagiert – ganz nach Buchstabe und Geist des II. Vatikanischen Konzils. Wie vom Konzil an vielen Stellen gewünscht, sind der Dialog und das gegenseitige Vertrauen die wichtigsten Voraussetzungen für das Wirken des Diözesanrats.

1.3. Die anwesenden Mitglieder des im Oktober 2002 konstituierten Diözesanrats akzeptieren die fristlose Auflösung des Diözesanrats durch den Bischof nicht, die den Diözesanrat ohne jegliche Möglichkeit der Reaktion belässt. Deshalb melden sie sich in dieser Stellungnahme als Diözesanrat zu Wort.

1.4. Der Diözesanrat hat bei Bischof Dr. Gerhard Ludwig Müller die Rücknahme der Entscheidungen und Dekrete vom 15. November 2005 beantragt, weil diese für Unfrieden in der Diözese sorgen und eine angespannte Atmosphäre über Jahre hinweg befürchten lassen.

2. Diözesanrat

2.1. Mehr als 30 Jahre leistete der Diözesanrat von Regensburg wertvolle Arbeit für die Gläubigen und die Weitergabe des Glaubens im Bistum Regensburg. Allein in den letzten 10 Jahren ist die engagierte und qualifizierte Mitarbeit im Diözesanforum, einem groß angelegten Prozess zu Weiterentwicklung der Seelsorge in der Diözese unter dem Motto „Zieh den Kreis nicht zu klein", die Mitgestaltung der Pastoralen Planung 2000 und eine Vielzahl von kleineren Projekten zu nennen, die alle als inneren Motivationsgrund hatten, die Frohbotschaft Jesu Christi in alle Bereiche der Gesellschaft zu tragen (Neuevangelisierung) und sie in der Kirche von Regensburg lebendig und erfahrbar werden zu lassen. Die Mitglieder des Diözesanrats können nicht erkennen, warum ihr viele Jahre währendes Engagement nun nicht mehr wertvoll sein soll.

2.2. Der Diözesanrat der Katholiken im Bistum Regensburg hat als Katholikenrat im Sinne des vom kirchlichen Rechtsbuch 1983 eingeführten neuen Vereinigungsrechts in der Kirche[1] seine Grundlage in c. 215, 216, 225 CIC sowie in grundsätzlichen Laienrechten nach c. 212 CIC. Seine Ausgestaltung regeln die Mitglieder selbst. „In c. 215 ist erstmals im Kanonischen Recht die Vereinigungsfreiheit als ein allen Gläubigen zustehendes Recht allgemein formuliert worden. Die Bestimmung ist Rechtsgrundlage für das gesamte konsoziative Element in der Kirche."[2] Es besteht deshalb die begründete Annahme, dass die bischöfliche Auflösungsanordnung unsere vereinigungsrechtlichen Grundlagen nicht berührt[3, 4].

2.3. Der Mitglieder des Diözesanrats schließen sich der von Kardinal Karl Lehmann öffentlich geäußerten Einschätzung an, dass es sich bei den einschneidenden Änderungen auf Pfarrgemeinderats-, Dekanatsrats- und Diözesanratsebene, die Bischof Dr. Gerhard Ludwig Müller vorgenommen hat, um einen Rückschritt handelt und seiner Hoffnung, dass dies in der Diözese Regensburg korrigiert werden kann.

2.4. Gleichwohl besteht beim Diözesanrat großes Interesse, dass sich die aufgrund der von Bischof Dr. Gerhard Ludwig Müller ohne Beteiligung, Anhörung und angemessenen Information vorgenommenen Änderungen auf allen Ebenen sehr angespannte Atmosphäre in der Diözese mit Tendenzen zur Spaltung der Kirche von Regensburg nicht weiter entwickeln darf. Deshalb werden die Mitglieder des Diözesanrats ihre Aktivitäten vorerst ruhen lassen.

2.5. Der Vorsitzende des Diözesanrats, der Vorstand, Hauptausschuss, jedes Mitglied des Diözesanrats und seiner Sachausschüsse sind aufgefordert, die sich künftig ergebenden Entwicklungen sorgfältig zu beobachten, sich gegenseitig auszutauschen und ggf. nach Absprache im Hauptausschuss des Diözesanrats Initiativen zu ergreifen.

3. Diözesan-Pastoralrat

3.1. Der Diözesanrat begrüßt weiterhin - wie schon in den letzten Jahren und zuletzt in einer Stellungnahme des Hauptausschusses vom Juli dieses Jahres - die Errichtung eines Diözesanpastoralrats.

3.2. Allerdings verweist der Diözesanrat darauf, dass nach den Beschlüssen der Gemeinsamen Synode der Bistümer Deutschlands in Würzburg (1971 – 1975) die Mehrheit der Mitglieder gewählt werden muss und der Katholikenrat seine Vertreter in den Diözesanpastoralrat entsendet[5].

4. Diözesankomitee

4.1. Die Errichtung eines Diözesankomitees als Katholikenrat allein mit Mitgliedern der Verbände und geistlichen Gemeinschaften widerspricht den Beschlüssen der Gemeinsamen Synode von Würzburg, denn „der Katholikenrat der

Diözese ist der Zusammenschluss von Vertretern des Laienapostolats aus den Komitees bzw. sonstigen Gremien der mittleren Ebene (Anm.: z.B. Dekanat, Region) und der katholischen Verbände sowie von weiteren Persönlichkeiten aus Kirche und Gesellschaft."[6] Das vorgeschlagene Statut schöpft die Möglichkeiten der Unterstützung des apostolischen Wirkens der Kirche nicht aus. So ist nicht einsehbar, warum allein Verbände und Geistliche Gemeinschaften im caritativen, sozialen Bereich und in anderen Bereichen der Weltverantwortung auf diözesaner Ebene ihre apostolische Tätigkeit koordinieren und so wirksam werden lassen können, während auf die Kompetenz und das Engagement von Frauen und Männern aus der gewählten Rätestruktur verzichtet wird.

4.2. Die Ausstattung eines jeden Verbandes wiederum einheitlich mit jeweils nur einer Stimme, und zwar unabhängig von seiner Größe und seinen Aktivitäten, widerspricht dem Grundsatz, dass Mitverantwortung Sachkenntnis voraussetzt. Diese Sachkenntnis ist in großen Verbänden mit oft Zigtausend Mitgliedern aufgrund der Breite des Engagements und der großen Zahl der Charismen wesentlich größer als bei kleinen Gemeinschaften. Deshalb ist die Mitgliedschaft von mehreren Mitgliedern aus großen katholischen Verbänden sachgerecht.

4.3. Die nichtöffentliche Beratung im Diözesankomitee widerspricht dem Weltauftrag, den ein Diözesankomitee zu erfüllen hat. Es ist in seiner Arbeit auf die Beachtung durch die Öffentlichkeit sowie auf die Nachvollziehbarkeit von Meinungsbildungen aufgrund der christlichen Werte angewiesen.

5. Dekanatsräte

5.1. Die gänzliche Abschaffung der Dekanatsräte bedeutet eine entscheidende Schwächung der mittleren Ebene und eine nicht notwendige zusätzliche Belastung für die Dekane sowie den Einsatz weiterer hauptamtlicher Mitarbeiterinnen und Mitarbeitern, die aus Kirchensteuermittel zu bezahlen sind.

5.2. Ausgelöst durch das Diözesanforum vor zehn Jahren und konkretisiert durch die „Pastorale Planung 2000" waren erst vor vier Jahren die Zahl der Dekanate reduziert und die Funktion der Dekanatsräte gestärkt worden.

5.3. Durch die verfügte Auflösung der Dekanatsräte werden einerseits ehrenamtliches Engagement gelähmt und andererseits bereits erfolgreich angestoßene Koordinierungs- und Unterstützungsinitiativen für die Pfarrgemeinden über Bord geworfen. Den Pfarrgemeinderäten wird ihre regionale Vernetzung genommen, auf die sie in ihrer Arbeit dringend angewiesen sind.

5.4. Gerade bei der letzten Konferenz der Dekanatsratsvorsitzenden am 8. Juli 2005 war deutlich geworden, welch große Anstrengungen auf der mittleren Ebene unternommen werden und welch gute Früchte diese Anstrengungen bereits tragen.

5.5. Auch hier besteht in gewisser Analogie zum Diözesanrat die begründete Annahme, dass die 33 Dekanatsräte in ihrer Eigenschaft als Katholikenräte von der bischöfliche Auflösungsanordnung nicht berührt sind[7].

6. Pfarrgemeinderäte

6.1. Den Pfarrgemeinderäten wurden die Rechte der Mitverantwortung entzogen, wie sie sich in den letzten über 30 Jahren bewährt haben. Die Arbeit des Pfarrgemeinderates ist aufgrund der neuen Statuten allein auf den Pfarrer bezogen. Die Übertragung des Pfarrgemeinderats-Vorsitzes auf den Pfarrer ist dafür der äußere und entscheidende Ausdruck. Sie widerspricht der in Deutschland gewachsenen Tradition, die von der Gemeinsamen Synode der Bistümer Deutschlands in Würzburg (1971-1975) weiterentwickelt und von der Gemeinsamen Konferenz von Deutscher Katholischer Bischofskonferenz (DBK) und Zentralkomitee der deutschen Katholiken (ZdK) im Jahre 1987 ausdrücklich bestätigt wurde.

6.2. Der Pfarrgemeinderat ist durch das neue Statut ausschließlich ein Pfarrpastoralrat. Dadurch wurden ihm alle seine Rechte und Aufgaben als Katholikenrat, also die Realisierung der Aufgaben der Koordinierung der autonomen Initiativen und Unternehmungen von Gläubigen im Sinne des Konzilsdekretes „Apostolicam Actuositatem" entzogen.

6.3. Sowohl bei der Pressekonferenz am 15. November als auch bei ergänzenden Briefen und auch im Hirtenwort zum zweiten Advent wurde das wirkliche Ausmaß der Änderungen heruntergespielt und teilweise unzutreffend dargestellt. Eine umfassende, ehrliche und qualifizierte Information der Betroffenen durch die Diözesanleitung über die bischöfliche Pressestelle ist bis jetzt nicht erfolgt.

7. Regensburger Appell

Mitglieder des im Oktober 2002 konstituierten Diözesanrats appellieren an Bischof Dr. Gerhard Ludwig Müller und an die Diözesanleitung, die Dekrete vom 15. November 2005 zurückzunehmen und zurückzukehren zum Dialog.

Sie wünschen sich, dass Bischof Dr. Gerhard Ludwig Müller und die Diözesanleitung mehr Vertrauen setzen in die Kraft des Heiligen Geistes und in den guten Willen der vielen ehrenamtlich tätigen Frauen und Männer.

Sie bitten die Gläubigen, trotz des verständlichen Unmuts in der Kirche zu bleiben und sich in der Kirche zu engagieren. Denn der Glaube darf nicht unter den von Bischof Dr. Gerhard Ludwig Müller und der Diözesanleitung ausgelösten Satzungs- und Strukturdiskussionen leiden.

Sie empfehlen den Gläubigen, auch weiterhin mutig, offen und ehrlich dem Auftrag des II. Vatikanischen Konzils zu folgen „ihre Meinung in dem, was das Wohl der Kirche angeht, zu erklären."[8]

Anmerkungen

1 Joseph Ratzinger, Hans Maier, Demokratie in der Kirche, Topos plus Taschenbücher Band 348, 2000, S.82

2 Zitat von Winfried Aymans in Ratzinger/Meier a.a.O, S. 89

3 vgl. Memorandum für das ZdK Wo katholische Laien ‚Salz der Erde' sind, Peter Hünermann, Klaus Lüdicke, Hans Maier u.a., www.zdk.de

4 vgl. K. Lüdicke, Vereinigungsrecht und Verfassungsrecht, zur Stellung der Laienräte in der deutschen Kirche, in Herder Korrespondenz 57 (2003), S. 425 - 429

5 Gemeinsame Synode der Bistümer in der Bundesrepublik Deutschland, Beschluss: Räte und Verbände, 3.3.2

6 Gemeinsame Synode der Bistümer in der Bundesrepublik Deutschland, Beschluss: Räte und Verbände, 3.4.2

7 Satzung der Dekanatsräte in der Diözese Regensburg vom 15.11.2001: .. das vom Bischof anerkannte (also nicht eingesetzte!) Organ im Sinne des Konzilsdekrets über das Apostolat der Laien (Nr. 26) zur Koordinierung und zur Förderung der Kräfte apostolischen Tätigkeit."

8 II. Vatikanisches Konzil, Dogmatische Konstitution LUMEN GENTIUM, Nr. 37

Anhang 3
Ansprache bei der Verabschiedung von 21 Mitgliedern aus dem Pfarrgemeinderat Schierling am 29. April 2006 im Pfarrheim Schierling

Lieber Herr Pfarrer, liebe Christiane Banse, liebe Freunde! Ich durfte 24 Jahre als Vorsitzender des Pfarrgemeinderates Schierling an vorderer Stelle stehen, was ich, wie meine Nachfolgerin Christiane Banse, immer als eine Ehre angesehen habe. Mit 27 Jahren habe ich auch die längste Mitgliedschaft im Pfarrgemeinderat. Deshalb ergreife ich jetzt noch einmal das Wort. Ich muss gestehen, dass mich in den letzten Wochen die derzeitige Situation manchmal wehmütig gemacht hat. Und ich möchte nicht verhehlen, dass ich mich auch geärgert habe, in erster Linie über den Mann, der derzeit Bischof von Regensburg ist und uns, euch, mir, uns allen, unterstellt, die Räte hätten in der Vergangenheit „vor sich hingewurstelt", wie das im Straubinger Tagblatt und im Neuen Tag Weiden zu lesen war.

Eine solche Einschätzung unserer Arbeit kann nur von jemanden kommen, der nicht erlebt hat, wie wir uns alle hineingehängt haben. Und ich muss ihm unterstellen, dass er sich für die Arbeit der Laien nie interessiert hat. Ihn interessiert allein sein Machtanspruch. Den soll er ruhig haben, das ist mir mittlerweile klar.

Die Arbeit genossen

Ich habe es bei mancher Gelegenheit gesagt, dass ich die Jahre und Jahrzehnte im Pfarrgemeinderat oft genossen und zu jeder Zeit gerne gemacht habe. Das hängt mit verschiedenen Faktoren zusammen, die in erster Linie waren: Das Evangelium als die beste Nachricht, welche die Menschheit kennt, ist jeden Einsatz wert. Unsere Kirche ist – bei aller

Schwäche der darin tätigen Menschen – eine von Christus gegründete Gemeinschaft, welche die Gottes- und Nächstenliebe gleichermaßen im Auge hat. Dieser Kirche in besonderer Weise dienen zu dürfen, betrachte ich auch als eine Gnade. Der liebe Gott hat uns allen eine Fülle von – durchaus unterschiedlichen – Talenten geschenkt. Diese Talente auch für die Kirche einzusetzen, habe ich immer auch als eine Pflicht angesehen. Es steht uns nicht zu, selbst darüber zu entscheiden, was wir mit den Talenten machen. Der derzeitige Bischof von Regensburg hat entschieden, dass die Kirche meine Talente nicht mehr braucht.

Selbstverständlich kommt die Freude am Tun auch durch die Zusammenarbeit mit anderen Menschen. Es ist ein offenes Geheimnis, dass man mit unserem Pfarrer sehr gut zusammenarbeiten kann. Und ihr alle wisst, dass es unser Pfarrer Hans Bock und ich besonders gut miteinander konnten. Dafür bin ich sehr, sehr dankbar. Dazu muss ich noch einige Worte mehr verlieren: Einige Zeit ging das böse Wort auch in Regensburg um, ich sei der Pfarrer von Schierling, weil alles gemacht würde, was ich sage. Seht, das ist einer der Trugschlüsse bei Leuten, die nur ihre Macht und die Verteidigung ihrer kleinen Welt im Auge haben. Die können sich selbstverständlich nicht vorstellen, wie eine gute Zusammenarbeit unter höchstem gegenseitigen Respekt funktioniert. Trotz oder gerade wegen der Freundschaft den anderen zu respektieren und im Gespräch zu bleiben, das ist das Geheimnis von Erfolgen. Manche erinnern sich an ein Ergebnis des Diözesanforums von 1995, das hieß „Kommunikation und Kooperation“: Reden miteinander und zusammenarbeiten und Entscheidungen dort fällen, wo sie hingehören. Es war für uns alle, auch für mich, nie ein Problem, unseren Pfarrer voll und ganz zu akzeptieren und zu respektieren. Niemand hat in die Kompetenzen unseres Pfarrers eingegriffen. Ganz im Gegenteil. Wir wissen um den Wert der Priester und ihrer wichtigen Aufgaben in der Seelsorge.

Gestattet mir bitte an dieser Stelle noch einen Blick auf die heutige Situation in unserer Diözese: Es redet keiner mehr, weil alle Angst haben. Es tun nur noch wenige etwas, weil sie wissen, dass sie nicht anerkannt werden. Da helfen auch die bis in die Kleinigkeiten hinein geplanten Public-Relations-Touren durch die Diözese und da helfen die schönsten Worte nichts. Sehr viele wissen, dass an denen nichts dran ist, weil sie die Menschen nicht erreichen. Sie klingen hohl und werden über die Köpfe hinweg verbreitet.

Vertrauen als Grundlage

Ja, liebe Freunde, wir haben mit unserem Herrn Pfarrer eine ausgezeichnete Zusammenarbeit pflegen dürfen. Er hat Engagement zugelassen und uns etwas zugetraut – weil er uns vertraut hat – und weil wir ihm voll und ganz vertraut haben. Er musste kein Misstrauen haben, denn er wusste um seine Autorität. Wir haben weder an seinem Amt noch an seiner Autorität jemals gekratzt, auch ich nicht! Er musste nie autoritär handeln, weil sein Leben und seine Sorge um Gott und die Welt die Verkörperung von Autorität darstellt. Dass es ab und an auch bei uns in den Sitzungen Meinungsverschiedenheiten gegeben hat, das liegt an manchen Sachverhalten, an der Unterschiedlichkeit und an der Tagesform von uns schwachen Menschen. Aber wir haben's immer wieder geschafft und sind nachher gemeinsam ins Wirtshaus gegangen. Etwas, das ich gerne auch unseren Nachfolgern empfehlen möchte. Ich bin auch sehr dankbar für die vielen Jahre mit vielen von euch. Wir sind Freunde geworden oder Freunde geblieben. Wir haben unser Bestes gegeben. Ob es immer genug war, das überlassen wir anderen. Aber es war kein Gewurstel! Ihr merkt, diese Beleidigung sitzt tief bei mir. Und ich kann euch sagen, die sitzt bei vielen anderen ebenso tief, auch bei solchen, die dem Oberhirten nach außen hin treu ergeben und willfährig sind.

Herzlichen Dank!

Danke euch allen während der 24 Jahre! Viele von denen sind heute nicht mehr dabei. Auch allen früheren Mitgliedern gilt noch einmal ein herzliches Vergelt's Gott.

Danken möchte ich auch unseren katholischen Verbänden in der Pfarrei. Wir haben sehr gut kooperiert. Viele Menschen haben uns und mir während der Jahrzehnte Wohlwollen entgegengebracht. Ich möchte an dieser Stelle ganz besonders die Schulschwestern herausheben. Schon als Ministrant habe ich dieses Haus kennen gelernt. Während der letzten 24 Jahre ist eine ganz andere Beziehung daraus geworden. Herzlich Vergelt's Gott!

Was bleibt?

Ich bin davon überzeugt, dass es der Plan Gottes war, der uns zusammengeführt hat. Es war der Plan Gottes, dass wir immer zusammen mit unserem Pfarrer auf vielfältige Weise versucht haben, den Glauben zu stärken. Dies geschah mit der Einführung des Friedensgrußes ebenso wie mit der Einführung der einheitlichen Kleidung der Erstkommunionkinder. Wir haben es damals nicht auf Anhieb geschafft, die Osternachtsfeier in den frühen Ostermorgen zu verlegen. Erst Jahre nach dem ersten Anlauf und heute kann man es sich nicht mehr anders vorstellen. Erinnert ihr euch an die „Wochen für das Leben", lange bevor es dieses Angebot bundesweit gab? Unser Einsatz für das ungeborene und das geborene Leben zieht sich wie ein roter Faden durch unsere Arbeit. Erinnert ihr euch daran, dass wir Gottesdienste auf Kassetten zu den alten und kranken Menschen gebracht haben? Wir haben uns jährlich zum Familienbildungswochenende getroffen, auch nachdem der Bischof für ein Jahr völlig ohne Grund die Zuschüsse für Familienbildungsmaßnahmen gestrichen und ein Jahr später mit großem Getöse wieder eingeführt hatte. Pfarrfeste und Pfarrwallfahrten wurden verstetigt. Der Liturgieausschuss hat ausgezeichnete Arbeit geleistet. Alte und kranke Menschen lagen uns immer am Herzen. Die Tischgruppenarbeit zur Vorbereitung auf die Erstkommunion und Firmung wurde eingeführt und Zug um Zug intensiviert. Wir waren eine der ersten mit dem Taufseminar. Leider durften wir dieses Pflänzchen im neuen Dekanat nicht mehr zum Blühen bringen. Schließlich die Partnerschaft mit Zagreb/Spansko, die uns den Blick weiten soll auf die weltweite katholische Kirche. Dann die Caritas – tätige Nächstenliebe – im eigenen Umfeld, in Polen, Kroatien (während des Krieges) und in Moldawien. Es haben so viele Leute mitgearbeitet. Wir waren das Gerüst, an dem sich die Hilfen gerankt haben. Zwei Gemeindemissionen haben während der 24 Jahre stattgefunden. Ganz unterschiedlich in Vorbereitung und Abwicklung. Noch ungewiss in ihren Wirkungen. Die Liturgische Nacht wurde eingeführt, ebenso Frühschichten. Wir durften mit Pater Erhard Hinrainer Primiz feiern und mit vielen Neupriestern Nachprimiz. Auch Jubiläen gab's zu feiern, das größte im Jahre 1997 mit unserem Herrn Pfarrer. Wir waren an Kirchenrenovierungen beteiligt: In den achtziger Jahren in St. Nikola, Ende der neunziger Jahre bei der Kirchenrenovierung, bei der wir allein 62-mal die Mehrzweckhalle am Wochenende zum Gottesdienstraum umgebaut haben. Wir sind in den letzten Jahren mit einem Stand am Schierlinger Markt gewesen, haben uns wesentlich am Dekanats-Ministrantentag beteiligt. Und wir haben alles gefördert, was das Bewusstsein für den Frieden schärft. Aus dem Pfarrgemeinderat kam die Initiative auf Verlängerung des Gelübdes zur Errettung aus Kriegsnot.

Und denken wir nur an die Lichterkette im letzten November. Schließlich haben wir die Namensgebung für die Placidus-Heinrich-Volksschule angestoßen. Zur Erinnerung an den großen Priester und Gelehrten, der aus unserer Gemeinde und aus unserer Pfarrei stammt. Das war jetzt nur ein kurzer, ganz sicher nicht vollständiger, Abriss unserer Arbeit.

Unsere Motive

Unser Ziel war es immer, dass die Menschen mehr und intensiver von der froh machenden Botschaft unseres Glaubens erfahren. Wir haben immer alles in bester Absicht und aus der Überzeugung heraus getan, dass es der Kirche dient. Keiner von uns - auch ich nicht - musste das Bewusstsein dabei haben, kirchenfeindlich zu sein. Übrigens eine weitere Unterstellung des derzeitigen Bischofs von Regensburg mir gegenüber. Wir haben versucht unsere Aktivitäten und unsere Arbeit öffentlich zu machen, um auch Zeugnis zu geben in der Öffentlichkeit. Heute sind - lt. Satzung - die Sitzungen nichtöffentlich. Haben wir jemals etwas zu verbergen gehabt? Oder haben wir jetzt etwas zu verbergen? Oder geht es wirklich nur um den verbissenen Versuch, Kritik nicht mehr öffentlich werden zu lassen? Dieser Versuch wird und muss kläglich scheitern. Denn auch unsere Kirche ist nicht ein in sich geschlossenes Zwangssystem.

Diese Kirche steht in dieser Welt. Sie wird nicht beachtet, wenn sie sich einfach dieser Welt hingeben würde. Nein, sie wird weiterhin Beachtung finden, wenn sie sich mit den Gegebenheiten auseinandersetzt, sich einsetzt für die nach Christus benannten Werte. Die Kirche wird beachtet, wenn sie im Dialog mit der Welt bleibt, ohne ihre Grundsätze aufzugeben. Allerdings ist Werben schon nötig, denn so einfach glaubt man der Kirche – und selbst höchsten Repräsentanten – nicht mehr alles einfach unkritisch. Wie gut und wohl tut da manches, was wir unserem neuen Papst nicht zugetraut hätten, wie etwa das 4-stündige Gespräch mit einem seiner schärfsten Kritiker, dem von ihm weggeschickten Prof. Hans Küng. Dieser Papst schmeißt einen Priester der Diözese Rom nicht hinaus, der ihn öffentlich fragt, warum Frauen nicht Priester werden können. In unserer Diözese wäre dieser Priester kirchenfeindlich und diese Frage allein schon wäre ein Grund für eine Suspendierung, Gehaltskürzung oder sonst noch denkbare Sanktionen. Der Papst macht es uns in diesem Punkt vor: Miteinander reden – in Liebe, so wie er das in seiner ersten Enzyklika ausführt. Wenn nur all diejenigen, welche dieses päpstliche Schreiben wortreich und geistreich auslegen, wirklich wüssten, was das ist, die Liebe!

An die Neuen

Liebe Freunde, bitte lasst euch nicht entmutigen von den Vorgängen in unserer Diözese. Wir können sicher sein, dass sich vieles auch wieder positiv wenden wird. Wir ausgeschiedene Mitglieder bitten euch, voll Vertrauen, Mut und Freude jetzt mit unserem Pfarrer und ab September auch mit dem neuen Pfarrer zusammenzuarbeiten. Euch allen gelten unsere besten Wünsche und es steht unser Angebot zur Mithilfe - wenn ihr das wollt. Wir werden mit großem Interesse an eurer Arbeit Anteil nehmen und ihr braucht keine Sorge zu haben, dass wir alles kommentieren müssten was passiert oder möglicherweise auch nicht passiert. Wir wünschen euch von Herzen alles Gute!

Anhang 4
Ansprache bei der Verabschiedung von Pfarrer Hans Bock nach 27 Jahren segensreichen Wirkens als Pfarrer von Schierling

Lieber Herr Pfarrer, lieber Hans, vor über 27 Jahren, unmittelbar nach dem ersten Besuch im Rathaus Schierling, sagte der damalige Bürgermeister Ludwig Kattenbeck, wir bekämen jetzt einen „feinen Herrn aus der Stadt“ als Pfarrer. Kattenbeck hatte gut beobachtet. Denn dieser junge, ebenso feine wie volksnahe und den Menschen zugewandte sowie tiefgläubige Mann sollte manch „Feines“ einführen und unser Leben und Zusammenleben, unseren Umgang und unser Erscheinungsbild nachhaltig prägen.

Seit 1260 gibt es Aufzeichnungen über die Pfarrer von Schierling. Nur 8 von 40 haben eine Amtszeit von 27 und mehr Jahren. Ein Zeichen, dass sich unser Herr Pfarrer in Schierling wohl gefühlt hat und dass wir uns gut vertragen haben. Ich stehe jetzt hier, weil wir 24 Jahre gemeinsam arbeiten, feiern, uns freuen, enttäuscht und traurig sein durften. In diesen 24 Jahren haben viele, sehr viele Frauen und Männer im Pfarrgemeinderat, in den Kirchenverwaltungen, in den Sachausschüssen und vielen Gruppen mitgeholfen, das Glaubensleben aktiv zu gestalten. Seit einigen Wochen gehen mir viele Gedanken durch den Kopf – auch und besonders, wie es möglich ist, so lange in einer Pfarrei zu sein und so lange mit vielen Menschen gut zurecht zu kommen.

1. Was verbindet Menschen?

Gemeinsame Erlebnisse und Erfahrungen und daraus Erkenntnisse gewinnen, die richtigen Schlüsse ziehen. Zum Beispiel beim Zusammenstehen, wenn die Kirchenmauer einzustürzen droht, beim Zusammenhalten, wenn die Mehrzweckhalle eineinhalb Jahre allwöchentlich zum Gottesdienstraum umzubauen ist und beim Zusammenhelfen, wenn es gilt, die Not in der Welt lindern zu helfen.

2. Was trägt solche Verbindungen, eine solche Freundschaft?

Das Bewusstsein, dass wir an einem Strang ziehen, dass wir uns gegenseitig etwas zutrauen und dass wir uns aufeinander verlassen können. Im Ergebnis heißt das, dass wir hohen Respekt voreinander haben. Und dass wir die Gedanken und die Arbeit des anderen hoch schätzen. Mit diesem Vertrauen, diesem Respekt und dieser gegenseitigen Achtung müssen wir uns nicht öffentlich vorhalten lassen, wir hätten in der Vergangenheit „vor uns hingewurstelt". Lieber Herr Pfarrer, sie und wir haben weder in der Pfarrei noch im Dekanat „vor uns hingewurstelt". Auch wenn das unser Bischof Zeitungsleuten gesagt hat.

3. Wo liegt der Urgrund für solches Vertrauen und Zutrauen?

Der Urgrund liegt im gemeinsamen Glauben, in dem Bewusstsein, dass uns der liebe Gott ganz gern hat, uns mag, wie Pfarrer Bock uns das sehr oft ans Herz gelegt hat.

4. Die größten Erfolge und Leistungen unseres Pfarrers?

Die personale Seelsorge mit der unmittelbaren Zuwendung zu den Menschen. Die größte Hilfsaktion in der Geschichte der Gemeinde während des Krieges gegen Kroatien. Die größte Kirchenrenovierung in der Geschichte der Pfarrkirche und die Renovierung aller Kirchen der großen Pfarrei. Zusammengefasst die Vorzüge des Pfarrers Hans Bock: Er liebt die Eucharistie, die Sakramente und die Heiligen, er kennt keine „Randgruppen", sondern für ihn sind alle gleich, und er hat für seine Gläubigen immer Zeit - für Krankenbesuche, Tröstungen und viele andere kleine Dienste. Du gehst als hervorragender Seelsorger in die Geschichte ein!

Lieber Hans, was im Einzelnen alles war, das aufzuzählen ist nicht möglich. Deshalb habe ich versucht, das im offenen Brief auseinanderzufalten. Jeder von uns weiß, dass die Aufzählung dort noch sehr lückenhaft ist. Wie wir dich gesehen haben, deine Stärken und Vorlieben, dein Charisma und deine Arbeit in 27 Jahren, das haben wir mit dem Weg mit 27 Stationen versucht darzustellen, der von der Kirche zum Pfarrhofeingang führt.

Jetzt möchte ich gerne zusammenfassen und dir sagen, dass es sehr schön und angenehm war, mit dir ein Stück des Lebenswegs zu gehen. Ich habe es immer als gewisses Privileg angesehen, mit dir den Versuch starten zu dürfen, diese Pfarrei Schierling auf ihrem Weg in die Zukunft ein Stück zu begleiten, dich zu beraten, manches anzupacken. Und ich betone auch an dieser Stelle ausdrücklich, dass niemand von uns jemals einen Zweifel an deiner Berufung zum Priester und an der großen Aufgabe in der Pfarrei Schierling hatte. Ich sag' ein herzliches „Vergelt's Gott" für eine wunderbare Zeit! Es war die wichtigste Zeit in meinem Leben und für Hunderte von anderen Schierlingern auch.

Du bist für unsere Kinder so etwa im Alter bis zum 35. Lebensjahr das Synonym für einen Pfarrer, für einen Seelsorger, für einen Priester. Du hast das verkörpert, was eines der Ziele des II. Vatikanischen Konzils war, nämlich den Glauben in der Gemeinde lebendig werden zu lassen. Und auch, diese Gemeinde mit den Gedanken des Glaubens und der Kirche und da in erster Linie mit den christlichen Werten zu durchdringen. Nicht mit mittelalterlichen Ge- und Verboten, mit autoritärem Handeln, sondern mit einem beispielhaften Leben und einer sozialen Kompetenz, die ihresgleichen sucht! Vergelt's Gott für alles! Alles Gute für die Zukunft!

Wir haben auch ein kleines Geschenk, und für die Übergabe bitte ich Kunibert Schäfer auf die Bühne. Es handelt sich um eine eigens gefertigte CD mit deinem Primizspruch, den Kunibert Schäfer vertont hat, mit ausgewählten Werken des Kirchenchores und einem 24-seitigen Heftchen mit vielen farbigen Fotos, insbesondere mit dem Weg mit 27 Stationen – mit deinem Weg! Wir sind Freunde und bleiben es, auch wenn du nicht mehr in Schierling wohnst.

Anhang 5
2. Vatikanisches Konzil, dogmatische Konstitution über die Kirche LUMEN GENTIUM

…

37. Die Laien haben wie alle Christgläubigen das Recht, aus den geistlichen Gütern der Kirche, vor allem die Hilfe des Wortes Gottes und der Sakramente, von den geweihten Hirten reichlich zu empfangen. Und ihnen sollen sie ihre Bedürfnisse und Wünsche mit der Freiheit und dem Vertrauen, wie es den Kindern Gottes und den Brüdern in Christus ansteht, eröffnen. Entsprechend dem Wissen, der Zuständigkeit und hervorragenden Stellung, die sie einnehmen, haben sie die Möglichkeit, bisweilen auch die Pflicht, ihre Meinung in dem, was das Wohl der Kirche angeht, zu erklären. Gegebenenfalls soll das durch die dazu von der Kirche festgesetzten Einrichtungen geschehen, immer in Wahrhaftigkeit, Mut und Klugheit, mit Ehrfurcht und Liebe gegenüber denen, die aufgrund ihres geweihten Amtes die Stelle Christi vertreten. Die Laien sollen wie alle Gläubigen das, was die geweihten Hirten in Stellvertretung Christi als Lehrer und Leiter in der Kirche festsetzen, in christlichem Gehorsam bereitwillig aufnehmen nach dem Beispiel Christi, der durch seinen Gehorsam bis zum Tode den seligen Weg der Freiheit der Kinder Gottes für alle Menschen eröffnet hat. Sie sollen auch nicht unterlassen, ihre Vorgesetzten Gott zu empfehlen, die ja wachen, um Rechenschaft für unsere Seelen zu geben, damit sie das mit Freude tun können und nicht mit Seufzen (vgl. Hebr 13,17). Die geweihten Hirten aber sollen die Würde und Verantwortung der Laien in der Kirche anerkennen und fördern. Sie sollen gern deren klugen Rat benutzen, ihnen vertrauensvoll Aufgaben im Dienst der Kirche übertragen und ihnen Freiheit und Raum im Handeln lassen, ihnen auch Mut machen, aus eigener Initiative Werke in Angriff zu nehmen. Mit väterlicher

Liebe sollen sie Vorhaben, Eingaben und Wünsche, die die Laien vorlegen, aufmerksam in Christus in Erwägung ziehen. Die gerechte Freiheit, die allen im irdischen bürgerlichen Bereich zusteht, sollen die Hirten sorgfältig anerkennen. Aus diesem vertrauten Umgang zwischen Laien und Hirten kann man viel Gutes für die Kirche erwarten. In den Laien wird so der Sinn für eigene Verantwortung gestärkt, die Bereitwilligkeit gefördert. Die Kraft der Laien verbindet sich leichter mit dem Werk der Hirten. Sie können mit Hilfe der Erfahrung der Laien in geistlichen wie in weltlichen Dingen genauer und besser urteilen. So mag die ganze Kirche, durch alle ihre Glieder gestärkt, ihre Sendung für das Leben der Welt wirksamer erfüllen.

Nachwort
Die aktuelle Situation

Die Veröffentlichung dieses Buches war zunächst für die Zeit nach Ostern 2007 vorgesehen. Sein Erscheinen wurde immer wieder verschoben. Die Hoffnung auf eine Normalisierung mit Bischof Dr. Gerhard Ludwig Müller und der Diözesanleitung stand immer im Vordergrund. Leider wurde diese Hoffnung mit einer erneuten Demütigung durch die Diözesanleitung zunichte gemacht. In diesem Nachwort will ich das kurz darstellen.

Verweigerung des passiven Wahlrechts bei der Kirchenverwaltungswahl

Im November 2006 haben mir Bischof Dr. Gerhard Ludwig Müller und Generalvikar Fuchs das passive Wahlrecht für die Kirchenverwaltungswahl in Schierling entzogen. Ich stünde in einem „offenen Gegensatz zu den Grundsätzen der römisch-katholischen Kirche“ wurde behauptet. Die Begründung war dreifach aufgebaut, nämlich auf ein angeblich schwer kirchenschädigendes Verhalten aufgrund meiner Kritik an der Zerschlagung der auf allen Ebenen erfolgreichen Laien-Räte-Arbeit, eine angeblich wachsende Nähe zu „Wir sind Kirche“ und auf angeblich fortgesetzt anhaltende öffentliche Falschbehauptungen über den Bischof. Zuerst hat mir Generalvikar Fuchs sogar „Verleumdung“ vorgeworfen, dies aber sofort schriftlich zurücknehmen müssen. Als eine geradezu groteske Begründung für meine „Kirchenfeindlichkeit“ wurde angeführt, dass ich mich gegen das Unrecht des Ausschlusses überhaupt gewehrt habe.

Ich habe Bischof und Generalvikar sehr detailliert dargelegt und begründet, dass sämtliche Anschuldigungen jeder Grundlage entbehren. Doch die Diözesanleitung hielt an ihrem Konfliktkurs fest. Auf Weisung der Diözesanleitung musste die „Anklageschrift" an Heiligabend dem Schierlinger Pfarrbrief beigelegt werden. Das haben nicht nur meine Freunde als eine Geschmacklosigkeit angesehen. Von einer Beachtung des Weihnachtsfriedens, den sogar das Finanzamt kennt, kann gar keine Rede sein. Meine seit Wochen vorliegende Entgegnung wurde nicht veröffentlicht. Ein weiteres Beispiel, wie wenig Fairness die Diözesanleitung im Umgang miteinander zeigt.

Die Gläubigen lassen sich aber Willkür der Regensburger Diözesanleitung nicht mehr so leicht gefallen. Das wurde damit deutlich, dass bei der Kirchenverwaltungswahl in Schierling 294 Wähler meinen Namen zusätzlich handschriftlich auf den Stimmzettel gesetzt und angekreuzt haben, ohne dass dadurch die Gesamtstimmenzahl überschritten war. Ich konnte so deutlich – trotz der erschwerten Umstände – die für die Mitgliedschaft in der Kirchenverwaltung notwendigen Stimmen erreichen. Die Diözesanleitung ignorierte auch dieses Signal und erhob schwere Vorwürfe gegen Gläubige, die zu meiner Wahl aufgerufen hatten.

Meine Beschwerde gegen die „Anklageschrift" des Generalvikars hat der Bischof zurückgewiesen. Er ging mit keinem Wort auf meine umfangreich begründete Gegenrede ein.

Ende Mai 2007 hat die Kleruskongregation in Rom entschieden. Bischof und Generalvikar wurden bestätigt. Auch diese Behörde hat auf kein einziges meiner Argumente Bezug genommen. Jeder meiner Schriftsätze wurde einfach ignoriert. Ich kann und will mir dieses Unrecht und den Vorwurf des offenen Gegensatzes zu den Grundsätzen der römisch-katholischen Kirche nicht gefallen lassen. Und ich setze darauf, dass das vom Bischof zu verantwortende Unrecht von höchsten kirchlichen Stellen umgewandelt wird und meine Rehabilitation folgt.

Verweigerung eines bereits fest vereinbarten Gesprächs

Zu all dem hätte es nicht kommen müssen, denn von Mitte April bis Mitte Juni 2007 hat es einen sehr sorgsam eingeleiteten Versuch eines Prozesses der Normalisierung der Beziehungen gegeben. Einen Zentimeter vor dem Ziel – tatsächlich 18 Stunden vor dem anberaumten Gesprächstermin zwischen Bischof Dr. Müller und mir – hat diesen Bischof Dr. Gerhard Ludwig Müller platzen lassen.

Dazu die Vorgeschichte: Dem Zentralkomitee der deutschen Katholiken gehören 45 Einzelpersönlichkeiten an, die von der Vollversammlung gewählt werden. Aufgrund von Tod und Wegzug sind zwei Plätze frei geworden. Eine ganze Reihe von ZdK-Mitgliedern hat mich für die Nachwahl vorgeschlagen. Bischof Dr. Gerhard Ludwig Müller wollte nicht akzeptieren, dass ich möglicherweise wieder ZdK-Mitglied geworden wäre. Er empfing hochrangige deutsche Laienvertreter zum Gespräche. Ich habe im Vorfeld dieses Gespräches klar gemacht, dass ich einer Annäherung/Versöhnung zwischen dem Bischof und engagierten Laien nicht im Weg stehen werde.

Ein wichtiges Ergebnis des Gesprächs war, dass ich die Kandidatur als Einzelpersönlichkeit für das ZdK zurückgezogen habe. Im Gegenzug signalisierte Bischof Dr. Müller die Bereitschaft zur Normalisierung und zu einer gewissen Rehabilitierung, was den Entzug des passiven Wahlrechts anbelangt. Konkret wurde vereinbart, dass es zu einem Vier-Augen-Gespräch zwischen dem Bischof und mir kommen sollte. Nichts sollte an die Öffentlichkeit kommen, denn der Verständigungsprozess wäre für die ganze Diözese enorm wichtig, so jedenfalls die Meinung mancher Beteiligter. Ich habe mich an alle Vereinbarungen gehalten.

Ein erster Kontakt zur Vorbereitung des Gesprächs zwischen Bischof und mir hatte bereits stattgefunden, als am

2. Juni bei mir das Dekret aus Rom mit der Bestätigung der Kirchenfeindlichkeit eintraf. Das hat mich sehr erstaunt und geärgert. Denn wenn eine Normalisierung angestrebt wird, dann hatte ich angenommen, dass die Diözesanleitung dafür Sorge trägt, dass das Verfahren in Rom wenigstens während dieser Zeit ruhen würde. Ich konnte mich des Eindrucks nicht erwehren, dass genau das Gegenteil der Fall gewesen ist. Das sei nicht so, wurde mir signalisiert. Der Bischof sei sogar daran interessiert, dass jetzt der Normalisierungsprozess schnell vorankomme. Es fand eine weitere vorbereitende Unterredung statt. Schließlich wurde das Gespräch Bischof-Wallner auf Freitag, 15. Juni um 9 Uhr terminiert. Bei einem dritten vorbereitenden Treffen wurden schon Überlegungen angestellt, wie möglicherweise eine gemeinsame abschließende Erklärung aussehen könnte.

Doch dann kam knapp einen Tag vor dem Gesprächstermin das Aus! Es wurde von mir zusätzlich verlangt, schon vor dem Gespräch eine schriftliche Erklärung abzugeben. Sollte ich das nicht tun, käme das Gespräch nicht zustande. Dieser weiteren Bedingung konnte ich nicht zustimmen, denn sie bedeutete eine Respektlosigkeit und den Beweis der bewussten Geringschätzung meiner Person. Das aber wollte und konnte ich mir nicht zumuten. In mir ist zwar das Bewusstsein immer mehr gewachsen jederzeit demütig zu sein. Doch ich muss mich von niemandem demütigen lassen – auch nicht von Bischof Dr. Gerhard Ludwig Müller!

Bei allen vorbereitenden Überlegungen auf das Gespräch mit dem Bischof war ich mir einer höheren Verantwortung als Vorsitzender des Diözesanrates der Katholiken im Bistum Regensburg von 2003 bis 2005 bewusst. Dabei spielte eine wesentliche Rolle, dass so viele Menschen in der Diözese Regensburg auf ein positives Zeichen warten, das bisher aufgrund fehlender Gesprächsbereitschaft der Diözesanleitung nicht erwartet werden konnte. Aus diesem Grund habe ich mir vorgenommen und auch den ZdK-Mitgliedern schriftlich versichert, alles dafür zu tun und den Annäherungsprozess so zu führen und zu Ende zu bringen, wie es unserem christlichen Auftrag entspricht.

Deshalb bin ich in Vorleistung gegangen und habe Ende April geschrieben, dass ich Respekt und Demut nicht nur von anderen fordern, sondern auch selbst zeigen möchte. Darin lag und liegt der Grund für den Verzicht auf die Kandidatur als ZdK-Mitglied. Der Bischof hatte schon ein Ziel erreicht. Ich habe mich weiter bereit erklärt, dass das vereinbarte Vier-Augen-Gespräch auf ein Sechs-Augen-Gespräch erweitert wird. Denn es sollte auf Wunsch des Bischofs auch eine Person seines Vertrauens dabei sein. Wieder wurde dem Wunsch des Bischofs entsprochen. Schließlich gab ich die Zustimmung zum Entwurf einer abschließenden Erklärung, die beim Gespräch mit dem Bischof eine Rolle spielen und möglicherweise am Ende des Gesprächs stehen sollte. Es handelte sich um eine Erklärung, in der weder der Bischof unsere erfolgreiche bisherige Struktur der Laienräte-Arbeit nachträglich gut heißen, noch ich die jetzigen Strukturen anerkennen musste, die nach meiner festen Überzeugung nicht der Vereinbarung der Bischöfe bei der Würzburger Synode entsprechen.

Rund zwei Wochen später kam es überraschend doch noch zum Gespräch mit Bischof Dr. Gerhard Ludwig Müller, das zwar in einer guten Atmosphäre verlief, aber zu keinem Ergebnis führte. Die Demütigung durch die Absage des ersten Gesprächstermins konnte nicht gut gemacht werden.

So bleibt es weiterhin fraglich, ob Bischof Dr. Gerhard Ludwig Müller wirklich Wert auf Versöhnung und Verständigung legt. Beachtliche Teile der Gläubigen in der Diözese sind angesichts seiner Amtsführung der letzten viereinhalb Jahre unzufrieden und wenden sich ab. Kritische öffentliche

Äußerungen dieser Unzufriedenheit gibt es kaum mehr, weil die Gefahr von Sanktionen besteht. So können die Hauptverantwortlichen im bischöflichen Ordinariat Regensburg an ihrer eigenen Scheinwelt weiterbauen, die mit der Realität kaum mehr etwas zu tun hat. Die Journalistin Christine Schröpf hat am 18. November 2005 in der Mittelbayerischen Zeitung Regensburg festgestellt: „Der Bischof steht vor einem Scherbenhaufen. Aber er sieht ihn nicht. Für ihn ist der Unmut an der Basis eine reine Medien-Erfindung. Auch die Kritik des Münchner Erzbischofs und Kardinals Friedrich Wetter perlt an ihm ab. Dabei ist es ein Schlag ins Kontor, wenn der Vorsitzende der bayerischen Bischofskonferenz und auch Altbischof Manfred Müller davor warnen, Laien zu entmutigen, die so viel wertvolle Arbeit leisten."

Leider hat sich seit der Veröffentlichung dieser Meinung kaum etwas geändert und der Diözesanleitung scheint nach wie vor nicht klar zu sein, dass Unrecht weh tut. Arno Gruen arbeitete heraus, dass sich eine solche Scheinwelt mit dieser Seite des Lebens, nämlich mit Leid und Schmerz, nicht konfrontieren kann, da diese ihr Selbst bedroht. So gibt ihnen die Macht die Möglichkeit, ihre eigenen Vorstellungen von Realität durchzusetzen. Ein Berater von George W. Bush drückte es in einem Interview so aus: „Wir sind eine Weltmacht, und wenn wir agieren, schaffen wir unsere eigene Wirklichkeit … Wir sind die Darsteller der Geschichte … und alle anderen können nur daraus lernen, was wir tun."[1] Auch Bischof Dr. Gerhard Ludwig Müller hat schon einmal verlauten lassen, dass von Regensburg lernen, siegen lernen heißen könne. Nur: Unser Glaube kennt keine Sieger und Besiegte. Unser Glaube kennt die Liebe als die im christlichen Geist alles entscheidende Macht!

Schierling, im Juli 2007

Fritz Wallner

Laienverantwortung Regensburg e.V.

eine Vereinigung von Gläubigen nach Canon 215
des Kirchenrechts CIC
www.laienverantwortung-regensburg.de

Förderverein Laienverantwortung Regensburg e.V.
Der Zweck des Vereins „Laienverantwortung Regensburg e.V." ist die Förderung der Religion insbesondere durch Förderung und Unterstützung der Laienverantwortung und des Laienapostolats in der Diözese Regensburg.

Projekte und Aktivitäten
Die Vereinigung führt Studientage zu aktuellen Themen durch und lädt zu regelmäßigem Austausch und Begegnung der Mitglieder ein.

Informationen
Über seine Aktivitäten und Grundlagen der Arbeit der Laienverantwortung mit Dokumenten und Links informiert der Förderverein auf seiner Internetseite www.laienverantwortung-regensburg.de.

Mitgliedschaft
Unterstützen Sie die Vereinigung durch ihre Mitgliedschaft! Satzung und Antrag zur Mitgliedschaft finden Sie auf der Internetseite.

Spenden
Da uns derzeit keinerlei Kirchensteuermittel für unsere Arbeit zur Verfügung stehen, bitten wir um Spenden zur Förderung unserer Aufgaben: Spendenkonto mit der Nummer 55 71 88 bei der Raiffeisenbank Mengkofen-Loiching eG, BLZ 743 697 04. Spenden sind von der Steuer absetzbar. Quittungen dafür werden ausgestellt. Bis 100 € genügt der Überweisungsbeleg mit folgendem Text: Gemeinnützige Spende für religiöse Zwecke an die Laienverantwortung Regensburg e.V. gemäß vorläufiger Bescheinigung vom 29.11.2006 des FA Deggendorf, St.Nr. 108/109/70273 K22.

Kontakt:
Internet: www.laienverantwortung-regensburg.de, Sprachbox und Fax: 0-1803-5518-17747,
Email: info@laienverantwortung-regensburg.de